Così parla
Don Gaetano Compri

現代のミステリー

これこそ聖骸布

コンプリ神父がその真相を語る

ガエタノ・コンプリ 著

Questa
è la Sindone

ドン・ボスコ社

まえがき

聖骸布は、「まだ、話題にのぼるのですか？」と聞く人がいます。

聖骸布は今も健在です。反対者がいても、その謎が解明されない限りいつまでも続くでしょう。その証拠に、聖骸布の公開は、25年に1回、聖年の年が原則になっていますが、最近、例外が多くなってきました。たとえば、1998年、2000年、2010年、そして2015年4月19日から6月24日まで教皇フランシスコの決定により、トリノで公開されることになりました。今回は、聖ドン・ボスコ（聖ヨハネ・ボスコ）の生誕200周年に際して、これまででもっとも長い67日間の公開です。

ドン・ボスコは、「青少年の父」として日本でも知られています。この本も「ドン・ボスコ社」から出版されますし、1931年、日本で最初に聖骸布が紹介されたのも「ドン・ボスコ」7月号という当時の月刊誌においてであり、「日本のドン・ボスコ」と言われるチマッティ神父によってでした。

この写真集は、日本で初めて多くの映像により聖骸布の真実を、歴史的、科学的、美術的、および聖書的側面からの研究を網羅(もうら)しています。「百聞は一見にしかず」と言われるとおり、自分の目で見なければ、聖骸布に秘められている数々の情報がわかりません。それらの情報はこの本から、十分にわかります。皆さんは、一枚の布によってこれほどの情報がわか

著者

ヨハネ・パウロ2世と

ることに驚かれることでしょう。

　ある人は、本や雑誌で読んだ、テレビ等で見たと言われますが、マスメディアはしばしば聖骸布を超常現象として扱いたがります。しかし、この布にはそのような事実は何もありません。確固たる事実があるだけです。まず、それを把握する必要があります。それについて様々な異なった意見もあると思われますが、意見を述べる前に、聖骸布は何であるかをよく確かめるべきです。学問は、疑問を持つことから始まるからです。

　私の経験では、聖骸布を理解するためには、それに対峙する必要があります。そのためにもこの写真集は参考になります。写真と説明文を合わせてお読みになれば、今まで気づかなかった隠れた内容に出会うことになるでしょう。

　私は、1950 年、大学生時代の時からこの研究に携わっています。1955 年から日本で聖骸布を伝えてきました。神に召される前に、今まで集めてきた情報を日本の皆さんに残すために、今回、できるだけわかりやすく、客観的にそれを述べるように努力しました。

　読者の皆さんに少しでも役立てばと願っています。

ガエタノ・コンプリ神父

チマッテイ神父と

目次 CONTENTS

まえがき ·················· 02

Section 1 ありのままの聖骸布 ·················· 07
- 聖骸布という歴史的な遺品 ·················· 08
- 火災による大きな焼け跡 ·················· 10
- 以前の別の火災による焼け跡もある ·················· 11
- 新しい保管システムを導入 ·················· 11
- 2002年、聖骸布が修復される ·················· 12
- 聖骸布の新しいサイズ ·················· 14
- 裏面に姿はないという謎めいた事実 ·················· 14
- 杉綾織という亜麻布の特徴 ·················· 16

Section 2 聖骸布の写真 ·················· 19
- 聖骸布の歴史を変えたセコンド・ピア氏の写真 ·················· 20
- 聖骸布の表と裏を撮影した最新の写真 ·················· 23
- NASAの職員によって実現された立体写真 ·················· 23

Section 3 聖骸布の確実な歴史 ·················· 27
- 1350頃－フランスのリレで現れる ·················· 28
- 1204年－コンスタンティノポリに展示されていた ·················· 28
- 聖骸布を持ち帰った謎の人物 ·················· 29
- 1193～1195年の「プレイ（Prey）写本」の2つの場面 ·················· 32
- 13世紀からの「泣き悲しみ（Compianto）」の伝統 ·················· 32
- 1453年 サヴォイア家の所有となった聖骸布 ·················· 32
- 1578年 トリノに移された聖骸布 ·················· 33
- 教皇所有となった1983年以降の歴史 ·················· 33

Section 4 聖骸布の人の医学的な研究 ·················· 39
- 聖骸布の医学的な研究が始まる ·················· 40
- 聖骸布の人は、茨の冠を被せられた ·················· 41
- 聖骸布の人は、鞭打たれた ·················· 42
- 聖骸布の人は、十字架を運んだ ·················· 43
- 聖骸布の人は、釘で手と足を貫かれた ·················· 44
- 聖骸布の人は、十字架上で死んだ ·················· 44
- 聖骸布の人は、脇腹を槍で刺された ·················· 46
- 聖骸布の人は、足を折られなかった ·················· 47
- 聖骸布の人は、上等な亜麻布に包まれた ·················· 48
- 聖骸布の人の亜麻布が残された ·················· 48

Section 5 他の科学分野での研究 ·················· 49
- 聖骸布の人の血液は、ＡＢ型 ·················· 50
- 科学者が解明できない人の姿の形成の謎 ·················· 51
- 姿を実験で再現することはできない ·················· 52
- 花粉の研究により、聖骸布の地域を特定 ·················· 53

Section 6 炭素14による聖骸布の年代測定 ………… 57

- 炭素14による年代測定の根拠 ………………… 58
- 聖骸布の年代測定が実施された舞台裏 ………… 58
- 発表されたテストの結果から聖骸布は永久に葬られたか ………… 61
- 炭素14の測定から噴出する問題点 ………… 62
- テストをした科学者たちは適正な測定をしたのか ………… 62
- ずさんな測定から、ふりだしに戻る ………… 63
- 教会の態度は静観し、聖骸布の保存に尽力 ………… 64
- 聖骸布は信仰の問題ではない ………… 64

Section 7 聖骸布とイエス ………… 65

- 4福音書の中のイエスの受難 ………… 66
- 聖骸布の人とイエスとの一致点 ………… 68
- イエスが腐敗しなかったという、聖書の復活の記録 ………… 70
- ヨハネ（20章4節〜10節）が記録した
  墓の中の亜麻布の状態とその翻訳の違い ………… 70
- 亜麻布の他にスダリオもあった ………… 72
- オヴィエドのカテドラルに保存されているスダリオ ………… 72
- イエスが十字架から降ろされて口から逆流する血を止めた布 ………… 73
- イエス以外の人である確率は250億人中1人 ………… 74
- 聖骸布がイエスを包んだ布ではないとしたら ………… 74

Section 8 聖骸布の不明の歴史 ………… 77

- キリストの顔の謎を聖骸布から探る ………… 78
- エデッサの「手描きでない」キリストの顔 ………… 78
- 「手描きでない」キリストの顔の歴史を検証する ………… 79
- 「手描きでない」キリストの顔を年代順に並べる ………… 80
- 「マンディリオン」はコンスタンティノポリへ ………… 80
- イエスの時代のアブガル王の伝説 ………… 82
- アブガル王は、布を血と汗でできたキリストの顔と言う ………… 82
- イアン・ウィルソン氏の大胆な仮説「マンディリオン＝聖骸布」説 ………… 83
- 「マンディリオン」と聖骸布の共通点 ………… 83
- 8枚折りだった「マンディリオン」 ………… 84
- 8枚折り説を裏付ける証拠 ………… 84
- その「マンディリオン」は、「墓の亜麻布」に変わった ………… 85

［結論］聖骸布、この意外な存在 ………… 86

聖骸布の黙想 ………… 87

あとがき ………… 106

参考文献 ………… 101

聖骸布の歴史 ………… 104

［付録］聖骸布

イエスはサマリアの女に言われた
「もし、あなたが神の恵みを知っていたなら」

(ヨハネによる福音書4章10節)

65年前に聖骸布と出会い

60年前来日した私は

神から与えられた使命を果たし

この本をお読みになるすべての方々に

聖骸布を通して神の恵みを知り

聖書をより深く理解し

神とキリストに出会うことができますように

この本をつつしんでささげます。

ガエタノ・コンプリ神父

Section 1

ありのままの聖骸布

聖骸布という歴史的な遺品

トリノのサン・ジョヴァンニ・バッティスタ大聖堂（カテドラル）

日本語で「聖骸布」と言えば、イタリアのトリノのサン・ジョヴァンニ・バッティスタ大聖堂（カテドラル）に保管され、イエスが十字架から降ろされて包まれたとされる1枚の布を指している。それが聖書のマタイ、マルコ、ルカによる福音書の原文でシンドン（sindon）と呼ばれる。イタリア語でもシンドネ（Sindone）と呼ばれるが、英語のホーリーシュライド（Holy Shroud）のように、それぞれの言語で呼ばれる。シンドンという語は、聖書に数回しか出てこないが、古代ギリシア語には肌着にも船の帆にも使われていた「亜麻の布地」を意味していた。

トリノに保存されている長さ 4.41m、幅 1.13m（新しい数値）の杉綾織の布の上には、鞭打たれ、十字架刑に処せられ、福音書に記されているイエスの受難と一致する人物の正面と背面の姿が見られる。傷口から鮮やかな赤色の血が流れ出ていて、科学的な研究により真の人間の AB 型の血であることが証明された。今、あらゆる観点から見て、世界中で最も興味深い歴史的な遺品と言える。

この遺品についての記録は 14 世紀半ばまでしかさかのぼれない。それ以前の、文献や美術作品にその存在を示す手がかりがあっても、キリストの時代までさかのぼる記録がない。現在の一番の課題は、布の上に見える姿の由来、またイエスの葬りの布であるかどうかということである。

COLUMN

日本で初めて「聖骸布」を紹介したチマッティ神父

1931年5月3日～24日、トリノで聖骸布の一般公開のすぐ後、ヴィンチェンツォ・チマッティ神父は月刊誌『ドン・ボスコ』誌7月号に聖骸布について1ページを書いた。その中で「聖骸布」ではなく「屍衣（シンドネ）」という語を使った（イタリア語の『聖書』の呼び方は「シンドネ」）。これは日本で書かれた聖骸布についての最初の記事である。（p.99 参照）

来日以前、30年間もトリノで活躍したチマッティ神父は、聖骸布の問題に詳しい同僚の研究に接する機会に恵まれていた。1898年の一般公開に際にも、サレジオ会のノグイェ神父が最初の写真の撮影に深くかかわっていた。

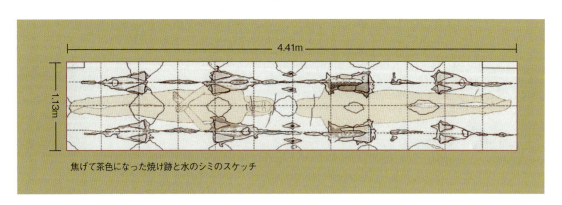

焦げて茶色になった焼け跡と水のシミのスケッチ

［1931年撮影　珍しい3色合成写真］

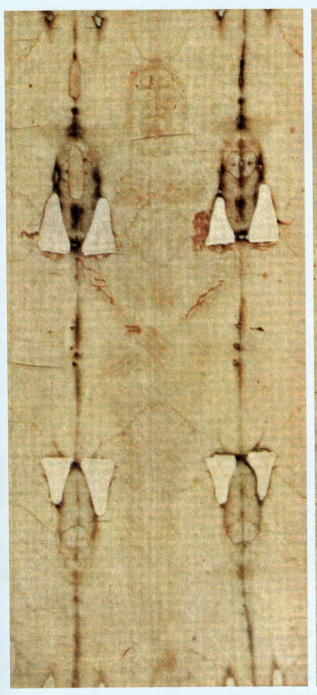

（左）人物の正面　　　　　　　　　　　（右）人物の背面

火災による大きな焼け跡

　布を見れば、すぐに並行2列に並んでいる穴や茶色の焼け跡の模様がある。それらは、1532年12月3日～4日の夜、フランスのシャンベリーで発生した火災の跡である。火を消すために使われた水のシミも目立つ。命がけで布が入っていた箱を救出した人々がそれを開けて見たら、金属のふたの一角が溶解し、その数滴がたたんであった布の28か所を貫いたことを確認した。箱の中に入っていた布が完全に燃えなかったのは、酸欠状態だったからである。幸いに人物の姿はほとんど無事であった。

　1534年、慎重な調査の後、聖クララ会のシスターたちに、48片にたたまれていた布の修繕が依頼された。彼女らは、13日間、昼夜を問わず、精密な作業で別の継ぎ当てで穴をふさいだ。（p.89 参照）また弱った布全体を強めるために、一枚の裏打ち布の上にそれを縫い付けた。これで裏面が見られなくなった。シスターたちは、自分たちが観察した布の詳細を記録した。それは聖骸布についての最も古い記録である。

シャンベリーにあるサヴォイア家の教会

1532年12月3日～4日の夜、火災が発生。祭壇の背後にあるくぼみに聖骸布が安置されていた

1532年以前の別な火災と思われるL型の焼け跡

1516年に描かれた聖骸布の複製画がベルギーにある。それには人物の表面と背面の腰あたりの左右にL型の4か所の小さな焼け跡が描かれている。それらは、年代不明の別な火災によるものである。その時、聖骸布は四つ折りだった。理由は不明だが、布を修繕したシスターたちはその焼け跡の違いに気づかなかった。1931年の鮮明な写真の時まで、誰もこれらの焼け跡の特徴に言及する人はいなかった。

その焼け跡は、布の年代不明の歴史を物語る。現在、その焼け跡をよく調査すると、火によるよりも、酸性のような液体によって布が損なわれたと思われる。(p.31参照)

新しい保管システムを導入

以上のとおり、布にとり火災が最も危険である。1997年、聖骸布が以前保管されていた工事中のチャペルで大火災が発生した。隣接のカテドラルに移されていた聖骸布は救われたが、1998年また2000年の一般公開後、その安全のために開発された容器に広げた状態で保管されることになった。一般公開用と通常の保管用のために造られた容器は、どちらも鋼鉄製で防弾ガラス付きのもので、外から

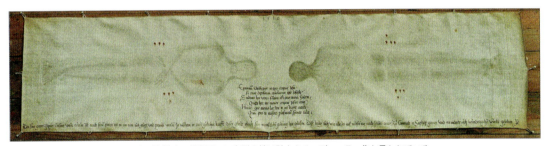

1516年、ベルギーのリエールにある聖骸布の複製画。L字型の焼け跡もある。デューラー作と言われている

1997年4月11日、火災に遭う

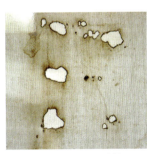

L字型の焼け跡。酸性の液体による可能性がある

聖骸布の箱を救出する消防団員

布が見えるように、また公開の時に垂直に展示される装置付きである。不活性アルゴンガス入りで、遮光され、温度・湿度・気圧が一定に保たれ、布の黄ばみを防ぎ、姿の鮮明度が低下しないようになっている。保管場所はカテドラルの左側奥の元王家の席があった所である。

2002年、聖骸布が修復される

　2002年、聖骸布の布に対して、さらに重要な作業が行われた。というのは、1500年代の終わり頃から高価な箱に絹を張った筒に巻かれた状態で納められてきた聖骸布は、巻き直したりする度にしわができ、乾いた血痕の断片や布の焦げカスが散ったりした。

　度重なる修繕により布をかがったり、縫い合せたりして、本体と裏打ち布の間にそれらがたまり、悪影響を及ぼす危険性が生じた。そのため、適切な保管方法を考える国際委員会が1992年に招集され、2002年、1534年に縫い付けられた継ぎ当てを取り外し、裏打ち布も取り替えることにした。その結果、今、聖骸布は、1534年の修繕後の姿ではなく、1532年の火災のあとの状態に戻されているのである。

　この精密な作業はメフィティルド・フルリー・レンベルグ（Mechthild Flury-Lemberg）氏とイレーネ・トメディ（Irene Tomedi）氏という2人の世界的な織物の専門家の手に委ねられた。その熟練した技術により1か月半の作業で継ぎ当てが外され、焼けた穴の縁が細い絹の糸で新しい裏打ち布に固定され、聖骸布は新しい姿に生まれ変わった。

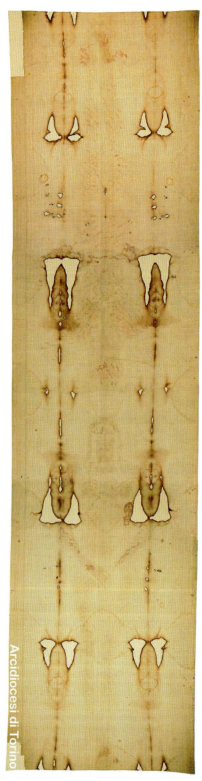

2002年、1532年の火災後の状態に戻された聖骸布

焦げカス等がたまり、布に悪影響を及ぼす危険性がある

メフィティルド・フルリー・レンベルグ氏（右）とイレーネ・トメディ氏（左）

聖骸布の新しいサイズ

しわを伸ばす作業の結果、これまで 4.36m × 1.1mと言われてきた聖骸布の寸法は、2002年以降、4.41 m× 1.13 mとなっている。ただし、布の伸縮の問題があるので、位置により、添付図のとおり寸法は多少違うことがある。

裏面に姿はないという謎めいた事実

以前の研究によっても聖骸布の裏面を部分的に見る機会があり、そこに姿がないことは確認されていたが、今回、裏打ち布を取り換えるために裏面も綿密に調べることができた。その結果、血痕や他の液体によるシミが染み込んでいることを確かめることができたが、姿は表面にしか写っていないことが明らかになった。これは、聖骸布の否定できない不思議な特徴である。今後、もし聖骸布と同じものを再現しようとすれば、この特徴があることを念頭に置かなければならないことになる。血痕が染み込んでいるが、姿は染み込んでいないという謎めいた事実があるのである。

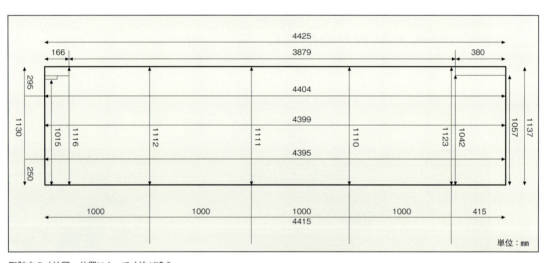

聖骸布の寸法図　位置によって寸法が違う

［表］　［裏］

わき腹から胸に向かって槍で突かれた跡。表面と裏面には血痕等が染み込んでいる

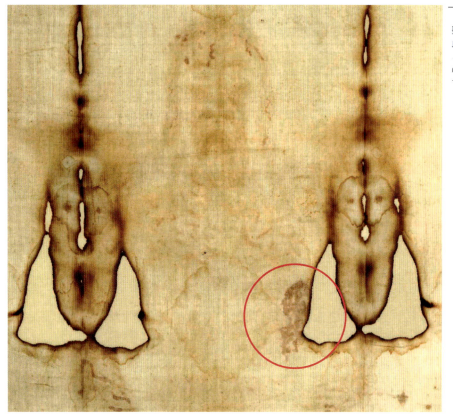

聖骸布の表面には、血痕や液体によるシミなどの他に、人物の姿がかすかに写っている

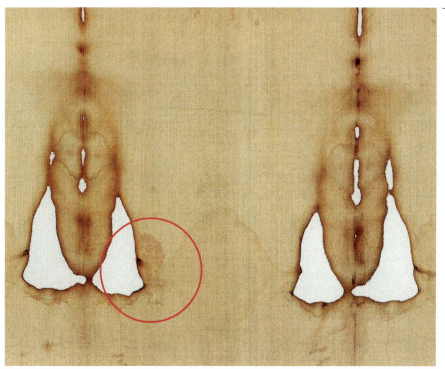

聖骸布の裏面には、血痕や液体によるシミが見られるが、人物の姿は写っていない

草木植物 linum usitatissimum L. の 1 種

杉綾織という亜麻布の特徴

この作業中、さらに布のその他の特徴も精密に調べられた。それはまず「亜麻布」のことである。亜麻は、古代から肌着によく使われていた草木植物（*linum usitatissimum* L.）の1種である。エジプトのミイラも皆、亜麻に巻かれている。麻と違い、肌触りのよい柔らかい生地である。

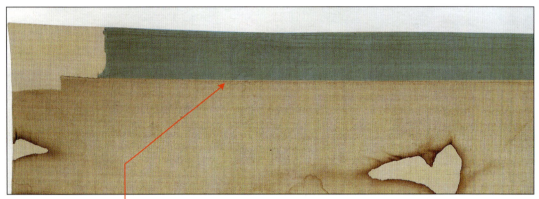

同じ材質の布（幅8cm）が縫い付けられている（青い部分）。左側が欠けている

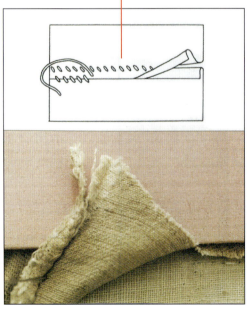

合わせ方は特殊な二重縫い

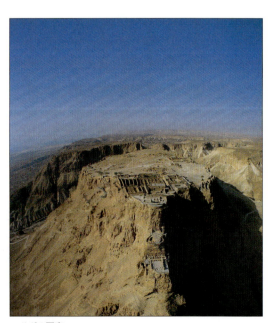

マサダの要塞

聖骸布の本体の片方、長い縁に幅8cmの同じ材質の布が縫い付けてある。縫い付けられた理由は不明であるが、元のより広い同じ布から切られたと思われる。合わせ方は特殊な「二重縫い」である。前述の織物の専門家であるマメフィティルド・フルリー・レンベルグ氏は、自分が知っている限り、同じ縫い方は死海のほとりにあるマサダの要塞にだけで見つかったと証言している。そこは、西暦73年、ローマ軍に抵抗し続けたユダヤ人が、生きて奴隷の恥辱を受けるよりはと、集団自決をしたところである。

　細長い布の両端の一部は、年代は不明であるが、切り取られている。

　布の織り方は、縦糸80本、横糸4本の上等な「杉綾織」である。キリスト以前の複数の標本が見つかっているので、その時代にさかのぼることに問題はない。その技術は古代エジプトにすでに知られていて、中近東の縦型手織り機で織られた布と一致している。材料は着色されていない自然の亜麻である。縦糸の太さは不均等で、左縒り（ひだりよ）であるZ縒り（ゼット）で、横糸も同様であるが、太くて不均等なS縒りである。これは手で紡がれた糸の特徴である。

　この布は、長いサイズの布から必要な長さの分が裁断され、幅を広げるために前述の細長い部分を縫い合わせられた。両端の短い縁に始めと終わりを示す縫い目の耳がないので、もともとこの目的のために織られたものではない。必要があってこの長さの布を切断し、幅を広げ、入念に手が加えられたのである。

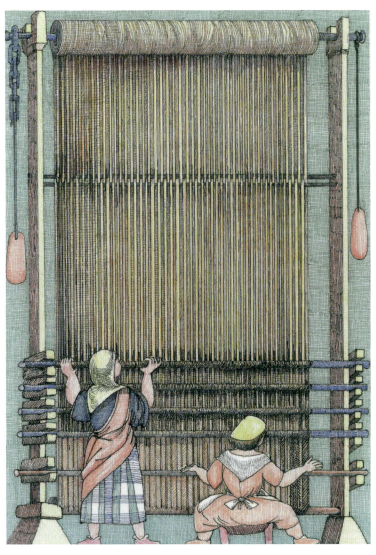

縦型手織り機

セコンド・ピア氏の写真機の前の著者（1978年の一般公開に際して）

聖骸布について説明する

聖骸布の講座

Section 2

聖骸布の写真

聖骸布の歴史を変えた セコンド・ピア氏の写真

聖骸布の歴史を変えたのは1枚の写真であった。

1898年5月25日、最初の写真を撮った写真家のセコンド・ピア（Secondo Pia）氏は、現像室でその「ネガ」を見て自分の目を疑った。なぜなら、「ネガ」であるはずの人物の姿は「ポジ」に写っていたからである。つまり、布の上の人物の姿はもともと「ネガ」であるはずだ、と。この発見は、聖骸布に対して科学者たちの態度を変えた。これは、ミステリー（神秘）の現象である！写真機の発明以前、人々は「ネガ」と「ポジ」の違いがわからなかったはずである。デジタル写真の現代も、またそうなってきたのではないか。

1931年、写真家のジュゼッペ・エンリエ（Giuseppe Enrie）氏は、強いコントラストの整色性乾板で白黒の写真を写した。鮮明で、細部まで見やすいその写真は高く評価され、研究に大きく貢献した。あまり知られていないが、その際、三色分解のカラー写真も写された。

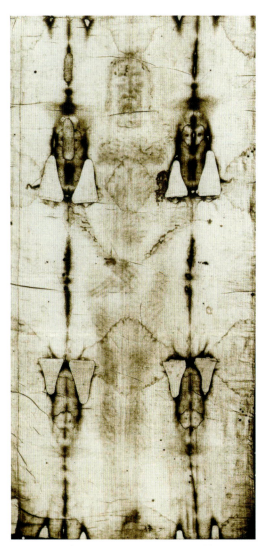 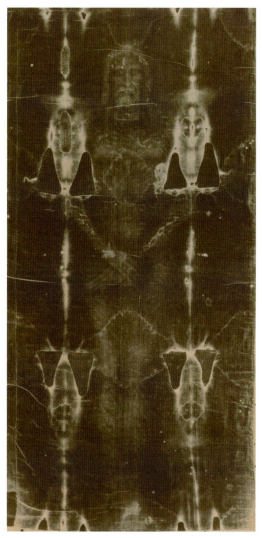

1931年、写真家のエンリエ氏の撮影した写真。聖骸布の上に姿はネガの形で写っている それを反転すればポジになる（右側）

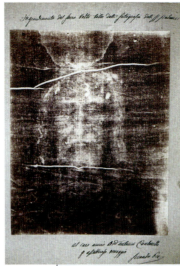

（左）写真家のセコンド・ピア氏と（右）「ネガ」ではなく「ポジ」に！

チマッティ神父を例に「ネガ」と「ポジ」を説明：（左）ネガを反転すれば（右）ポジになる。聖骸布の場合は反転すれば、「ネガ」であるはずの人物が「ポジ」に写っていることである。

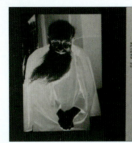

布の上の姿はもともとネガである

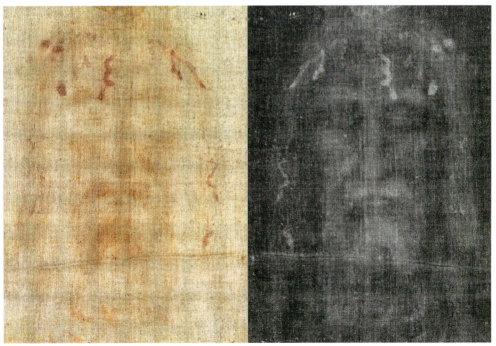

1969年、ミラノ大学のジョヴァンニ・ユディカ・コルディリア（Giovanni Judica Cordiglia）氏は今までなかった最初のカラー写真を撮影した。

1973年、聖骸布の最初のテレビ撮影が許可され、世界に放映され、大反響を起こした。

1978年の一般公開後、44名による本格的な科学調査においてあらゆる種類の専門的な写真が写され、研究は飛躍的な進歩を遂げた。

1973年、初めてのTV撮影。聖骸布の前に集まる新聞記者

1978年、一般公開され、科学調査も実施された様子

調査の様子

聖骸布の表と裏を撮影した最新の写真

ついに2002年、聖骸布の修復後、ジャン・カルロ・デュランテ（Gian Carlo Durante）氏は布の表、また今までなかった裏の精密写真を撮影した。これが継ぎ当てのない現在の最新の聖骸布の公式写真である。同じ機会に、トリノのガリレオ・フェラリス（Galileo Ferraris）国立電子研究所も布の表と裏の大部分をスキャンしてきた。これらは、今後の研究にたいへん役立つであろう。

2008年には、さらに画期的な撮影が行われた。それは、高画質の撮影である。担当したのはハルタデフィニツィオーネ（Haltadefinizione）社という専門会社である。72ギガバイトのファイルに収められているこの写真によって、布の1ミリは数百分の1まで見られる。写真を最大限まで拡大するには、68mx18mの巨大な布が必要となる。今、iPadとiPhone用のアプリケーションで'2.0'にバージョンアップした聖骸布を日本語でも見られ、誰でも自分の目でその姿の細かいところまで確かめることができる。www.haltadefinizione.com - haltadefinizione @hal9000.it

NASAの職員によって実現された立体写真

聖骸布の研究に初めてコンピューターが使われたのは1977年であった。当時、NASAの職員、エリック・ジャンパー（Eric Jumper）氏とジョン・ジャクソン（John Jacson）氏は、聖骸布の人物の姿に普通の写真にない立体的な情報があることに気づき、宇宙衛星から送られてくる写真のVP-8という特殊装置でその写真を処理し、立体写真に成功した。それには、聖骸布の表面の濃淡が布と体の距離に比例し、濃いところは布に近く、薄い部分は布から遠いからである。1902年すでに、ポール・ヴィニョン（Paul Vignon）氏もそのことを示唆していたのである。このことは大きくマスコミに取り上げられた発見である。

1978年、トリノ大学のジョヴァンニ・タンブレリ（Giovanni Tamburelli）氏とネロ・バロッシーノ（Nello Balossino）氏は立体画像に特殊フィルターをかけ、シミ、ゆがみ、殴打による変形などを取り除き、特に傷跡などを明らかにし、より鮮明に顔と全身、さらに暴行を受ける以前の状態の魅力ある人物像の顔を再現することに成功した。

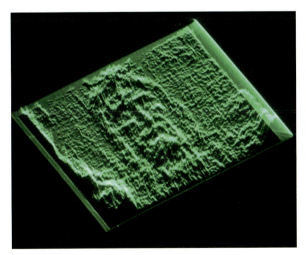

顔の立体写真

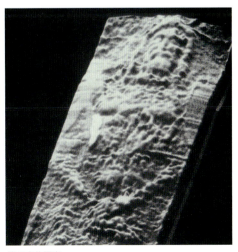

姿の立体写真

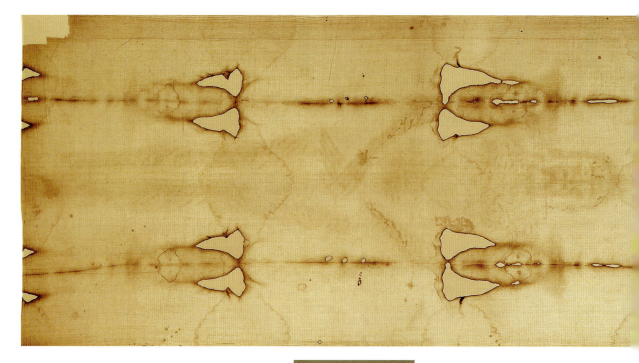

聖骸布の全体写真

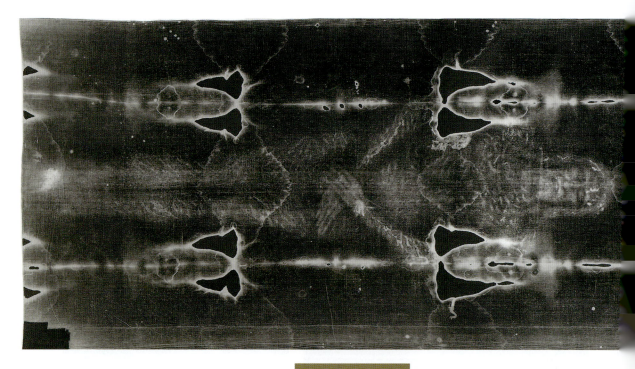

聖骸布全体のネガ

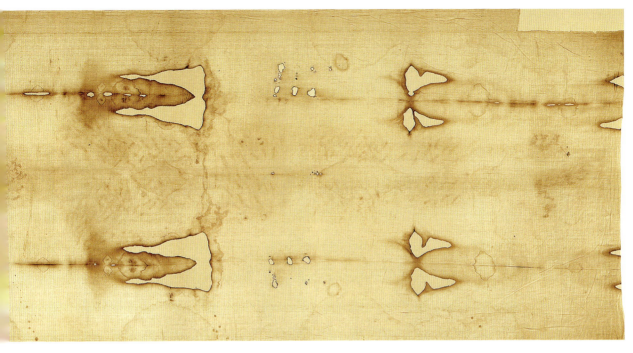

2002年、継当てのない聖骸布の公式写真(ジャン・カルロ・デュランテ氏撮影)

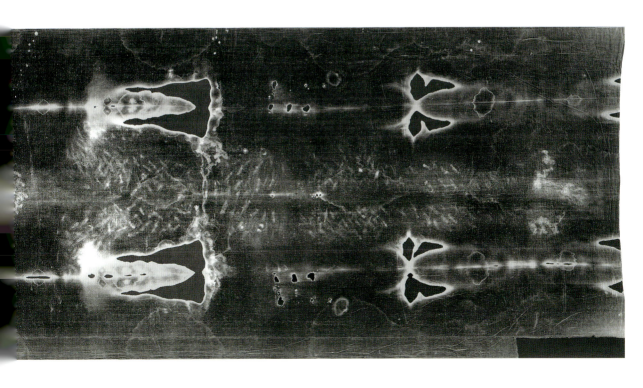

『聖骸布のものがたり』

1931年の一般公開の時に出された記念アルバムの表紙

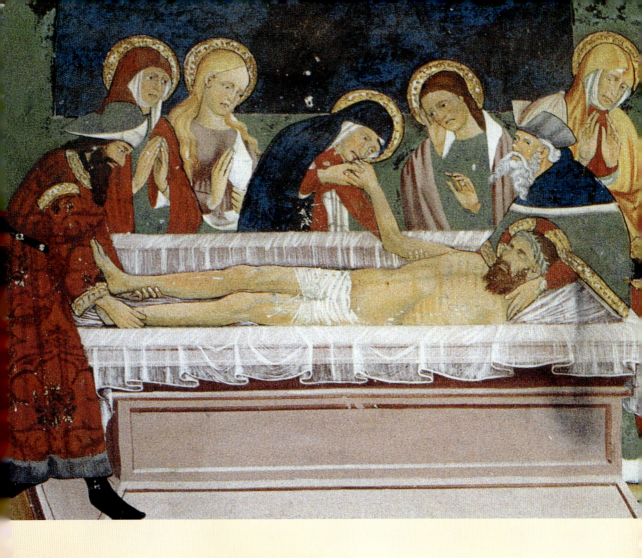

Section3

聖骸布の確実な歴史

1350年頃―フランスのリレで現れる

聖骸布と呼ばれるものがヨーロッパで最初に記録されたのは、1353 年頃、パリ近くのリレ（Lirey）という町、シャルニー家の領主ジョフロア・ド・シャルニー（Geoffroy de Charney）が建てた聖堂に展示された時であった。巡礼者が多かったために、イエスの墓の布であることを領主が告知しなかったので、司教との間で対立が起こった。この対立については数々の書類が残っている。注目されるのは 1855 年、パリのセーヌ川から偶然に引き上げられた記念メダル（直径 6cm）である。上と下の部分が破損しているが、聖骸布の正面と背面の姿や布の杉綾織の細部には、所有者の家紋も刻まれている。

間違いなく現在トリノにある聖骸布である。問題はその布の入手経路である。

1204年―コンスタンティノポリに展示されていた

1204 年、聖遺物の宝庫であったコンスタンティノポリ（現：イスタンブール）が第 4 十字軍に略奪された。それに参加した兵士、ロベール・ド・クラリー（Robert de Clary）は、「この町にブラケルネの聖母マリア修道院があり、そこにわれらの主が包まれた亜麻布（Sydoine）が毎金曜日、真っ直ぐに立てられ、われらの主の姿がよく見える。ところが、町が陥落した後、その布のゆくえについてギリシア人もフランス人も誰も知らない」と記している。
'Sydoine' は聖書がいう 'Sindon' で、「立っているよ

リレの記念メダル。杉綾織まで再現されている

うに見える」のは顔ではなく全身である。したがって、展示されていたのは聖骸布だったと思われる。

聖遺物を持ち帰った謎の人物

　1205年、町の陥落の1年後テオドロス・アンゲルス・コメヌス（Teodorus Angelus Comnenus）は、ローマ教皇インノチェンチオ（Innocenzio）3世に手紙で、オット・デ・ラ・ロッシュ（Ottho de la Roche）が「わが主イエス・キリストが死んで、

第4十字軍の兵士、クラリーによる文書（本文 p.28 参照）

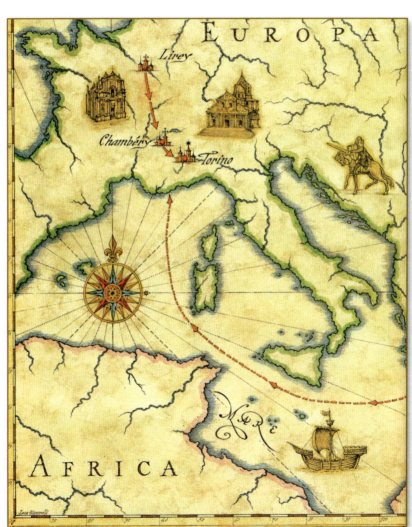

コンスタティノポリから

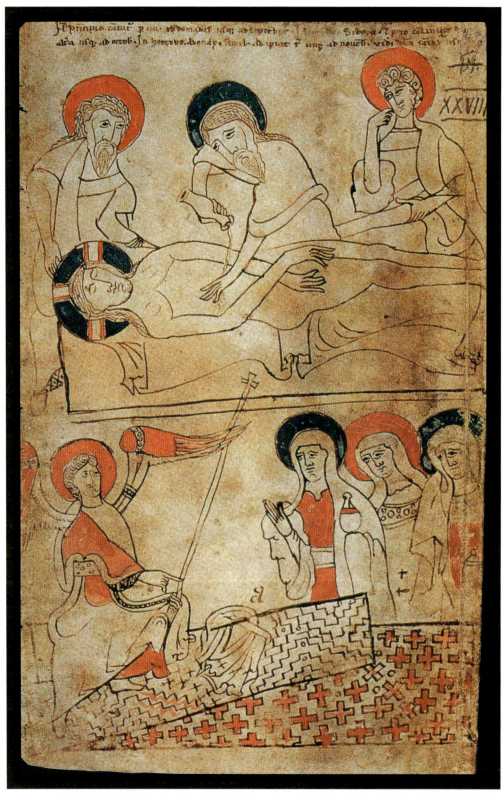

「プレイ写本」ブタペスト図書館所蔵

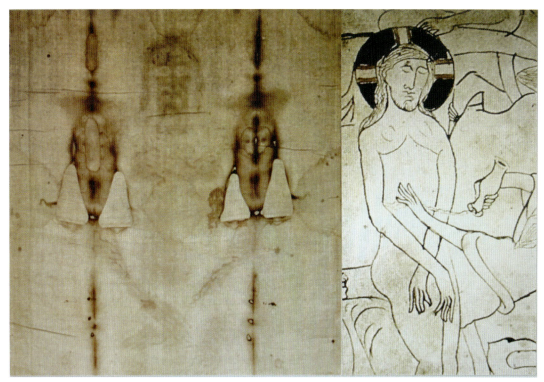

右手、左手とも、親指が隠れ、4本の指が見える　　　　　　　　　「プレイ写本」も親指が隠れ、4本の指が見える

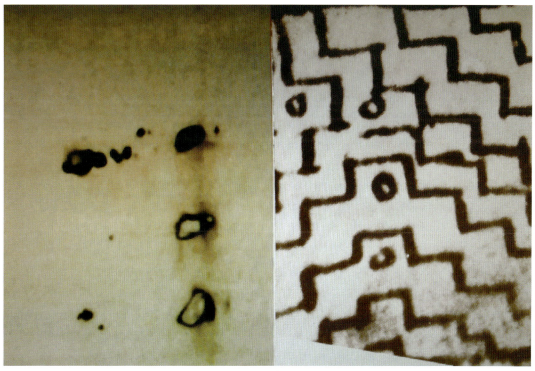

時代不明のL型の焼け跡　　　　　　　　　　　　　　　「プレイ写本」に描かれたL型の焼け跡

復活される前に包まれた亜麻布をアテネへ持ち帰った」と訴えた。オット・デ・ラ・ロッシュは、町の陥落の時、亜麻布が展示されていたブラケルネ教会に最初に入った人である。その功績によって次の年にアテネの公爵とされ、フランスに聖骸布を持ち帰った人ではないかと昔から言われている。その明確な記録はないが、彼は後に聖骸布の持ち主となったジョフロア・ド・シャルニーの2番目の妻の家系図に入っている。

1193年～1195年の「プレイ (Prey) 写本」の2つの場面

コンスタンティノポリに聖骸布があったもう1つの証拠は、1968年に紹介されたハンガリーのブダペスト図書館所蔵の「プレイ (Prey) 写本」である。これは1193～1195年にコンスタンティノポリで描かれ、ハンガリーの王に嫁いだ王女が持って行ったものである。その27ページには2つの場面が描かれている。上は布に横たわるイエスの遺体にニコデモが香油を注ぐ場面である。下は墓に着いた婦人たちに天使が亜麻布を示す場面である。通常はイエスの腰に布が巻かれているが、ここでは裸である。以前の美術には例がない。また右手を上、左手を下にして、陰部の上に組まれていて親指は隠れ、4本の指しか見えない。額に傷跡も見える。まさに聖骸布と同じである。

下の場面では、天使は2つの布を指している。小さい布は「ヨハネによる福音書」（20章7節）に記されているイエスの頭を包んでいた覆い「スダリオン（汗拭き布）」で、大きい布はイエスを包んだ亜麻布であろう。それは二重折りであり、外側は杉綾織と思われる模様が書いてある。内側は、イエスの遺体のまわりに多くの十字架が描かれている。よく見れば、いくつかの小さな穴もある。その位置は、聖骸布の時代不明の4か所のL型の焼け跡と同じである。つまり、写本を描いた人は聖骸布を見たはずである。それは、第4十字軍より10年前のことだからである。もし、兵士、ロベール・ド・クラリーの証言と合わせれば、当時コンスタンティノポリに聖骸布があったことは否定できない。

13世紀から「泣き悲しみ（Compianto）」の伝統

興味深いことに、その後、この写本と同じ構図の「泣き悲しみ（Compianto）」という埋葬を表現する作品の伝統が始まる。写本と同じ頃にバルカン半島のネレジ (Nerezi) とクルビノヴォ (Kurbinovo)、また13世紀の初めに北イタリアのアクイレーア (Aquileia) の壁画、14世紀に入るとイタリア、フランス、ドイツなどで多くの絵画や彫刻が認められる。

たとえば1320年頃、ヴェローナ近くのカプリーノ（Caprino）にリジーノ・ディ・エンリコ（Rigino di Enrico）氏の印象的な彫刻、いずれも聖骸布がフランスに現れる前であるから、第4十字軍の後、その影響があった証拠と言える。

1453年 サヴォイア家の所有となった聖骸布

1453年 シャルニー（Charney）家の最後の子孫、マルグリット（Marguerite）は、聖骸布をサヴォイア家のルドヴィコ（Ludovico）2世に寄贈した。530年間、聖骸布はサヴォイア家の家宝となり、その歴史は明らかである。

1506年 教皇ユリウス2世は聖骸布のミサの典礼文を許可し、ミサも承認する。この年から、サヴォイア家の首都シャンベリーのチャペルに安置される。ここで毎年5月4日に公開される。

1532年12月4日 そのチャペルで大火災が発生し、聖骸布の入った金属の箱のふたの一部が溶け、数滴が48枚に畳んだ布を貫通する。

1534年5月2日～15日 聖クララ会のシスター

が布を修繕し、継ぎ当てで穴をふさいで、布全体を強めるために一枚の布で裏打ちする。

1578年 トリノに移された聖骸布

1578年 エマニュエレ・フィリベルト（Emanuele Filiberto）王は首都をトリノに移す。さらに、ミラノの司教聖カルロ・ボロメオが、町がペストから解放されたために聖骸布の場所まで巡礼する誓願を立てたので、その旅を短くするために聖骸布もトリノに移した。

1694年 宮殿の新しいチャペルに聖骸布が安置される。

1898年5月25日〜28日 最初の写真がセコンド・ピア氏によって撮影され、聖骸布の表の姿はネガであることが発見される。この発見から科学的調査が始まる。この時点まで、150回ほどの一般公開が行われた。

1931年5月4日〜24日 20世紀最初の一般公開。7月、日本で初めて紹介される。エンリエ氏が撮った鮮明な写真により、科学的研究が盛んになる。

教皇所有となった1983年以降の歴史

1978年8月26日〜10月8日 トリノへ移された400周年記念の公開後、44名の研究者は125時間にわたり科学調査を行う。

1983年 サヴォイア家最後の王ウンベルト2世は、教皇庁に聖骸布を寄贈する。

1988年 布から標本を切り取り、炭素14による

リジーノ・ディ・エンリコ作「泣き悲しむ（Compianto）」の彫刻。リレに聖骸布が現れる前の1320年制作
（ヴェローナ・カプリーノ市立博物館蔵）

年代測定を実施。1260年〜1390年という結果が発表される。それに対する疑問も始まる。

1997年4月11日〜12日 修復工事中のチャペル全焼。聖骸布は助かる。

1998年4月18日〜6月14日 写真撮影100周年記念の一般公開。

2000年8月12日〜10月22日 「救いの大聖年」一般公開後、カテドラルで保管。

2002年6月〜7月 1532年の火災後の状態に戻す。精密調査を実施し、表裏面のデジタル写真撮影。

2008年 高画質の新技術で布全体を撮影する。

聖骸布がトリノに着くまで展示された場所

聖骸布を受け取った
サヴォイア家のルドヴィコ2世

2010年4月12日〜5月23日　一般公開。教皇ベネディクト16世が巡礼。
2015年4月19日〜6月24日　ドン・ボスコ生誕200周年にあたり67日間の一般公開。

シャンベリーで公開される聖骸布
（年代不明の焼け跡も描かれている）

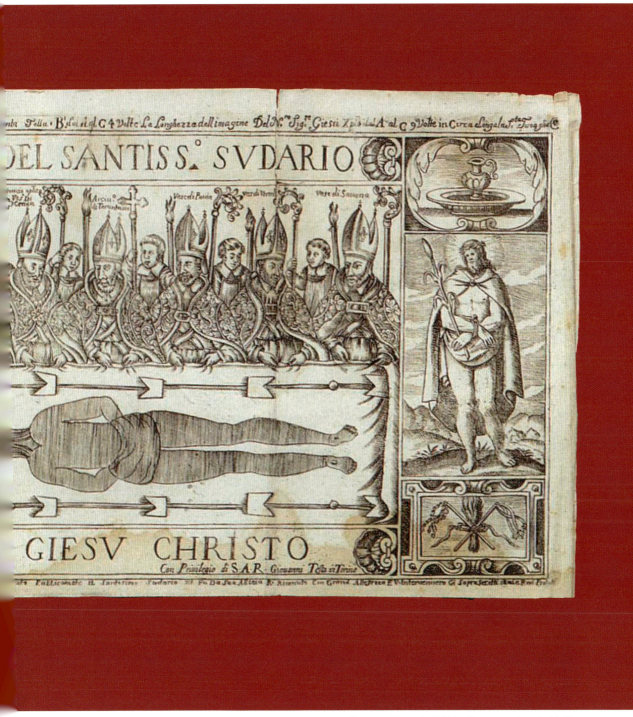

1578年トリノに着いた時の聖骸布。聖カルロ・ボロメオ（中央）

サン・ジョヴァンニ・バッティスタ大聖堂の裏につながっている聖骸布のチャペル。1997年、火災に遭った

茨の冠をかたどった丸天井

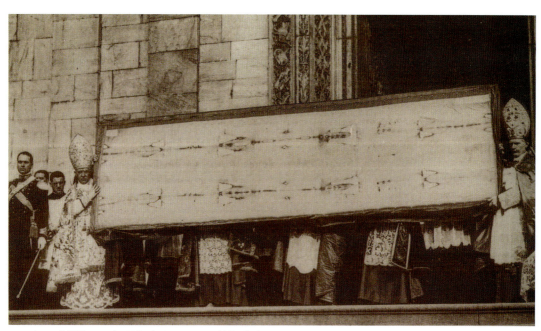

1931年、一般公開。この時、日本で初めてチマッテイ神父が紹介した

Section 4

聖骸布の人の医学的な研究

聖骸布の医学的な研究が始まる

　20世紀前半、第2次世界大戦後まで、聖骸布の様々な研究が、主として1931年の白黒の写真を手がかりにして行われた。特に聖骸布の人の傷跡と死因を解剖学や病理学の立場から研究され、法医学の立場から検証しても、この布が十字架刑を受けた人であることが明らかになった。その研究のパイオニアはフランスの外科医ピエール・バルベ（Pierre Barbet）氏、チェコ・アカデミー会員でプラハ大学のルドルフ・ヒネク（Rudolph Hynek）氏、イタリアのミラノ大学のジョヴァンニ・ユディカ・コルディリア氏などであった。彼らの分析は今日も評価され、後の研究によっても再確認された。

　20世紀後半、写真だけの研究に限界を感じて、直接に布に接する必要があると認められ、教会は直接の調査を許可した。1回目は1963年、2回目のより本格的な調査は1978年であった。その医学的観察の結論は次のとおりである。

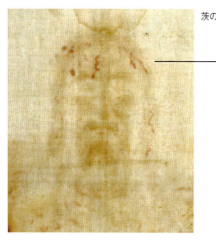

茨の冠を被せられた傷跡（顔）

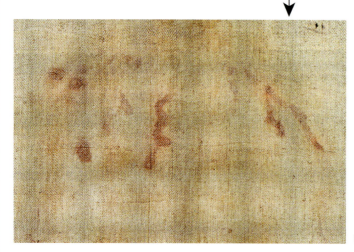

額にある傷跡

聖骸布の人は、茨の冠を被せられた

古代に冠を被った人々は、新郎新婦、スポーツ選手、とくに王、また生贄(いけにえ)に献げる動物においてであった。聖骸布の人も冠を被せられた。その傷跡を見ると茨で編んだ冠を被せられたと思われる。後頭部や額に見られる数多くの痕跡はその証拠である。後頭部には脂肪が多く、血が斑(まだら)に混ざっている。額に見られる数多くの傷は、解剖学的に2種類に分けられる。額の真ん中の「3を逆にした」血痕は額静脈から出た静脈血である。薄く見える血痕は動脈血である。残酷極まりないこのような拷問が歴史に記録されているのは、イエスの例だけである。

帽子のような茨の冠

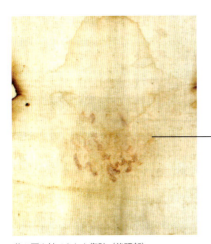

茨の冠を被せられた傷跡(後頭部)

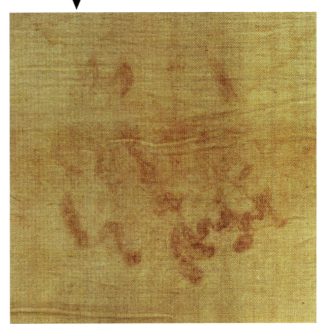

後頭部の脂肪を含んだ傷跡

> 聖骸布の人も被せられたが、傷の形からみて茨の冠であった。

聖骸布の人は、鞭打たれた

　古代ローマの十字架刑はしばしば鞭打ちが伴っていた。受刑者の反抗を抑えるためでもあった。聖骸布の人にも、肩からふくらはぎまで100以上の鞭打ちによる傷跡がある。2cm程度の傷で、対になっている。肉眼では見えないが、まわりに血清も付いている。先端に鉛の小さなダンベルのような玉が付いていたローマ人独特の鞭（フラグルム・タクシラトウム　flagrum taxillatum）のようである。柄には革でできた紐2本が付いていた。鞭打ちの執行人は、刑場に着く前に死んでしまわないように、心臓など致命的なところは避けていた。最も苦しい十字架刑で死なせるという残酷な命令を受けていたからである。鞭打ったのはユダヤ人以外の人であったはずである、なぜなら、『旧約聖書』の「申命記」25章3節に40発を超えないようにと定めてあるからである。

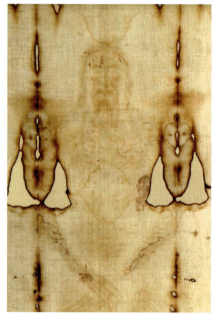

ローマ人独特の鞭打ちで、執行人は心臓などの致命的なところを避けた

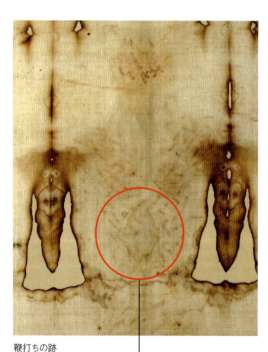

鞭打ちの跡

血痕と血清が付着

聖骸布の人は、十字架を運んだ

ローマ帝国では、裏切り者以外、市民権のある人に対して十字架刑を禁じていた。処刑法が恥辱的だったからである。残酷極まりない十字架刑を受けた受刑者は、ローマの市民ではなかったはずである。十字架の縦棒が処刑場で地面に固定されていたので、運ぶのは、肩と腕に縛った横棒（ラテン語でパティブルム patibulum）だけであった。実際、受刑者の肩あたりの背中に広いかすり傷がある。そのかすり傷は鞭の傷跡を崩さないので、服を着たまま横棒を担いだと思われる。人数が多ければ、縄で一列に繋がれて歩いていたであろう。すねに見られる傷跡は、縄で結ばれた跡と思われる。1人が倒れると皆を引っ張るのである。科学調査の時、受刑者の人の足と膝に土が確認された。裸足で歩いて、何回も転んだのであろう。その土は、エルサレムにも多いアラゴナイト（aragonite）である。

カルワリオまで十字架の横棒を運ぶ受刑者

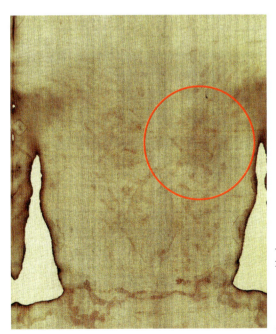

何度も転んだため、膝やすねに傷跡がある

十字架を担ったときの横棒の
大きなかすり傷の跡がある

聖骸布の人は、釘で手と足を貫かれた

処刑場に着いた受刑者は服を剥ぎ取られ、横棒に手を釘付けられてから縦棒につり上げられていた。受刑者は釘で手と足を付けられた。しかし、手の傷は手の甲ではなく、手首の手根骨の間 (space of destot) にある。手なら重みで手が裂かれるからである。実験によると、手首を釘で貫通すれば正中神経が損なわれ、親指が手の内側に曲がる。そのために聖骸布に親指が見えないと思われる。なお、足は、両方を重ねて釘一本で留められたようである。そのため片方は短く見える。

さて、釘で留められた人の体重は全部手にかかり、血が腕に沿って流れ出る。聖骸布の人の左手の傷から流れでた血は2本に分かれているが、それは、受刑者が呼吸や排気をするために足を踏ん張って体の上下運動を繰り返し、そのたびに手首の位置が変わるからである。運動する力が尽きれば早く死が訪れる。聖骸布にはその運動は生々しく表れている。

聖骸布の人は、十字架上で死んだ

十字架で亡くなった人の死因について、医者の意見が分かれる。心身の過剰な負担のため心臓が破裂したと主張する医者もいる。破傷風を起こした可能性もある。死因については、窒息、脱水状態、心筋梗塞などが重なったという結論が妥当であろう。この布の上に、受刑者の生前の血（手足、茨の血痕など）、また血清と血餅が分離している死後の血（心臓の傷）が同時に存在している。さらに、遺体は硬直状態であり、十字架上での姿勢のままであると思われる。頭は前に垂れていて、筋肉、とりわけ胸の筋肉は盛り上がっている。これは、十字架上で亡くなったことを示している。

釘は手首に打たれている
指は4本しかみえない

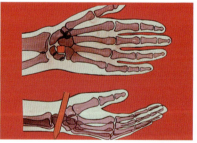

手根骨に釘を打つと親指が内側に曲がる

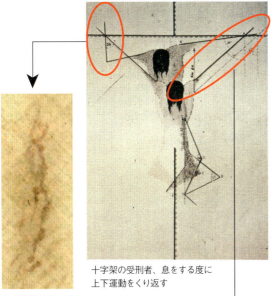

十字架の受刑者、息をする度に
上下運動をくり返す

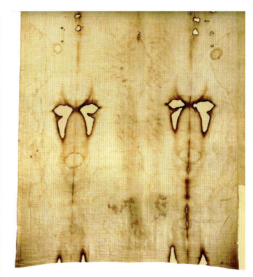

両足を重ねて釘を打たれたために、片方の足が短く見える。両足に血痕と血の流れた跡がある

血が右腕に添って
流れ出る

左手首から血が流れる。
血は2本に分かれている血が流れる

足の裏に土が付着している

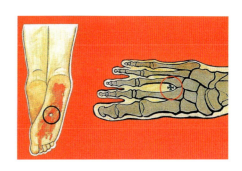

左手首の拡大

聖骸布の人は、脇腹を槍で刺された

さらに、受刑者の人の脇腹を見れば、右胸の第5と第6の肋骨の間、先の尖った刃物で突き刺された横幅約4.5cm、高さ約1.5cmの楕円形の傷がある。そこから流れ出た血痕が目立つ。その箇所は、辛うじて火災からまぬがれた。その流れ出た血は、血清と血餅に分離していて、明らかに死後の血である。同じように腰や背中を横切る血の帯が目立つ。それは遺体を斜めにして布の上に横たえた時に、脇腹の傷から流れ出た血清と血餅に分離している死後の血である。

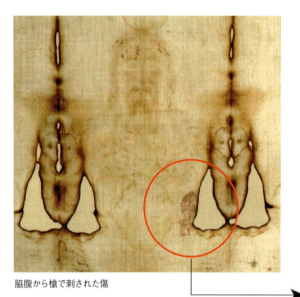

脇腹から槍で刺された傷

流れ出た血と水
（血清と血餅）

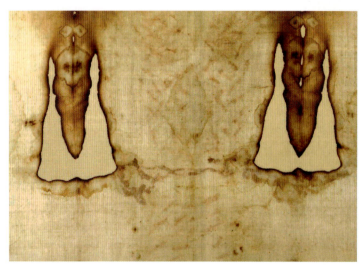

遺体を墓石に横たえる時、
胸の傷から流れ出た血の帯

聖骸布の人は、足を折られなかった

　十字架刑の場合、死を早めるために受刑者の足を折る残酷な習慣があった。ラテン語でクルリフラジウム（crurifragium）と言う。そうすれば人は呼吸ができなくなり、早く窒息死する。1968年、唯一知られている十字架刑の受刑者ヨハンナンの遺骨がエルサレムのギヴァト・ハ・ミヴダル地区の古い墓地から発掘された。その両足の大腿骨が何か所にも折られている。釘もかかとに着いたままである。1970年に発表された。

　聖骸布の人の場合、足を折られていないのは、早く死んだためであろう。

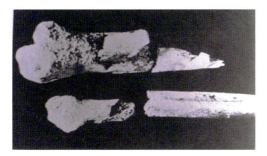

受刑者ヨハンナンが遺体の大腿骨を折られた部分

ヨハンナンのかかとの骨に刺さった釘

この人の足は折られていない

聖骸布の人は、上等な亜麻布に包まれた

　残っている記録によれば、十字架刑に処せられた人々はまともな葬りを受けなかった。朽ちるままに放置して野獣の餌食になるか、または墓穴に捨てられていたのである。ただし、ユダヤ人のように葬りを大事にする民族の場合、家族が願えば、ローマ法では引き渡すことにしていた。しかし、これは犯罪人の場合、稀だったであろう。

　聖骸布の人は杉綾織の上等な亜麻布に包まれて葬られた。しかも、その布には多くの血痕があるので、遺体が清められないままに葬られたはずである。「ユダヤ人の葬りの習慣」には、処刑され、遺体にその血が付いている場合、遺体を清めないで付着している血も一緒に葬るという規定があった。

　それにしても、十字架刑の人がこれほど大事にされたことには、何かの理由があったのであろう。ピエールイジ・バイマ・ボッローネ（Pierluigi Baima Bollone）氏の科学調査によれば、この亜麻布から沈香と没薬の反応が出てきた。布に見られる水のシミも沈香と没薬の存在を示す。水だけなら、そのようなシミはできないのである。これもその遺体が大事にされた証拠である。

聖骸布の人の亜麻布が残された

　今日、日本では原則として遺体は火葬されるが、土葬する国の場合、土葬された遺体が何年か経てば白骨化し、柩も着ていた服も腐敗することになる。なお、その国の気候によって差もあろうが、腐敗が始まるのは死んでから数日後である。

　聖骸布の人の場合、遺体はないのに、遺体を包んだ亜麻布が遺された。なお、その亜麻布の表面には人の傷跡だけでなく、その姿も写っている。これは、腐敗が始まる前にその遺体が布から離れた証拠である。そうでなければ、布はシミだらけになったはずである。

　さて、この布が現代まで保存されているのは、なぜであろうか。

　次に触れる研究の結果、この謎はさらに深まる。

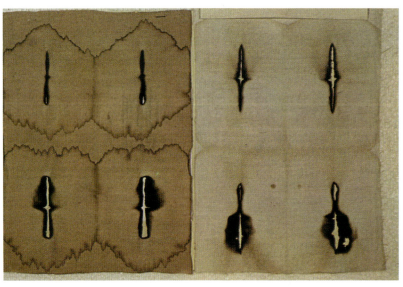

シミの実験（左）沈香と没薬をふくんだ時のシミ（右）水だけのシミ

Section 5
他の科学分野での研究

聖骸布の人の血液は、AB型

昔から、聖骸布の上に血液が付着していると思われたが、科学的な実証はなかった。

1978年の科学調査の後、米国のアラン・アドラー（Alan Adler）氏と ジョン・ヘラー（John Heller）氏、またイタリアのピエールイジ・バイマ・ボッローネ氏が行った実験により、聖骸布の人の血は人間の血、しかもAB型であることが証明された。布の上に赤血球の存在も確認された。

それにしても、古い血としては色が鮮やかすぎると指摘された。この謎を解くために、血液学の専門家、ジョン・ヘラー氏は、1978年の科学調査を行なった。血の付着した細かい繊維を摘出し、精密テストの結果、原因が解明された。聖骸布の人のように酷い打撲や虐待を受けた人の場合、赤血球が破壊され、赤い色素が循環に入る。そこでヘモグロビンがビリルビンに変わり、複雑なプロテインとの結合により血液は真っ赤な色になる。時間が経てば肝臓に吸収されるが、もし急に死ぬならば、ビリルビンはそのまま残る。聖骸布の人の血液が鮮やかであるのは、ビリルビンの数値が非常に高いからである、と。

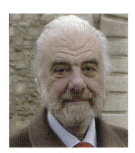

ピエールイジ・バイマ・ボッローネ氏

布の上に付着しているのは人間の血

赤血球1個の存在も確認

ジョン・ヘラー氏

科学者が解明できない
人の姿の形成の謎

　今も科学者を一番悩ませているのは、布に写っている姿の形成のメカニズムである。1978年の科学調査に参加した30名からなるアメリカのチームは、30分程あれば聖骸布が偽物であることを証明できると自負していた。しかし、布の前に立ってから考えが変わった。自分たちが思っていたようなものではなかったからである。1980年、膨大なデータを分析して、次の結論を発表した。

①布に刻まれた人物像は、表面の微小繊維が酸化（oxidation）し、脱水状態（dehydratation）を起こしたことによる。
②決して、塗料や染料を加えた、または加熱した物に接触して焦げたためではない。
③姿は表面的であり、布の微小繊維の表面が数ミクロン程度変色したことによるものである。布の裏面には血液の跡はあるが、姿までは写っていない。
④姿には方向性がない。光は垂直に体から出るもの、左右などの方向はない。
⑤現在知られている物理的、化学的な手段ではこの現象を説明できない、と。

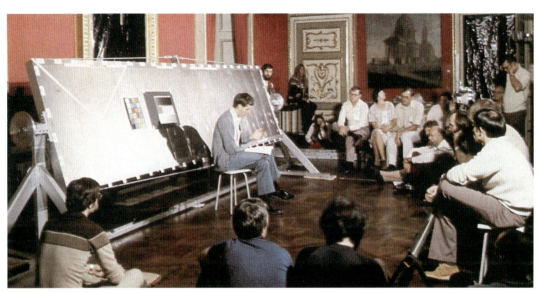

30名からなるアメリカの科学チーム

布を顕微鏡で見るピェトロ・リナルディ神父

布の上に姿のある繊維の表面は黄色っぽくなっている

姿を実験で再現することはできない

以前、多くの研究者は姿の再現に挑戦した。たとえば、ポール・ヴィニョン（Paul Vignon）氏は遺体から蒸発したアンモニアによってできたとか、あるいは遺体に塗った薬、加熱した像の接触、またはジョヴァンニ・ジュディカ・コルディリア（Giovanni Judica Cordiglia）氏のようにテルメンチンとオリーヴオイルの溶液を布に浸透し、アロエとミルラ（没薬）を混ぜた粉をまぶして死んだ人の顔にかぶせて実験したが、いずれも聖骸布と比較にならない稚拙な結果だった。また姿は布にしみ込んでいたのである。

近年、イタリアのフラスカティのエネア（ENEA）原子力研究所で、遠紫外線の強力なレーザー線を亜麻布にあてたら、聖骸布の像に似た表面的な数cmの変色を起こすことができたが、聖骸布の大きさを考えれば、天と地ほどの違いがあると言う。

結局、亜麻布に写った姿の存在は、現代の科学を駆使しても解明できない最大のミステリー（神秘）である。

ポール・ヴィニョン氏

死んだ人にアロエとミルラを混ぜた粉で実験。聖骸布とは段違いである

レーザー光線での実験。光線の強さによって変色の程度が違う

花粉の研究により、聖骸布の地域を特定

　1973年また1978年、スイスの植物学者、犯罪科学班の責任者で国際警察のメンバーであるマックス・フライ（Max Frei）氏が接着テープを使って聖骸布の表面からほこりを収集することを許された。目的は、付着している花粉を研究することだった。その結果、58種類の花粉を確認し、その中の13種類は中近東にのみ見られた。聖骸布が滞在した地域を確認する目的であった。残念ながら、研究を完成することなくこの世を去った。その後、その研究法やその結果はあまり正確ではなかったと批判する声が出た。

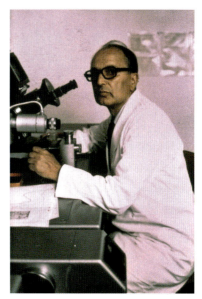

マックス・フライ氏

Gundelia の花粉

テープをあてて、花粉を採取

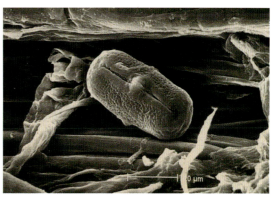

最近、特にエルサレム大学の植物学者アヴィノアム・ダニン（Avinoam Danin）氏と ウリ・バルッチ（Uri Baruch）氏、またイタリアのシルヴァノ・スカネッリニ（Silvano Scannerini)氏は、限界があったにしても、マックス・フライ氏の研究が基本的に正しいと認めた。同氏が確認した花粉の中に、少なくとも2種類 *Gundelia Tournefortii*、*Cistus Creticus* が多くあることが確認された。また布の上に *Zigophyllum Dumosum* が飾られた跡があることも確認された。これらは、パレスティナ地方の死海の非常に限られた地域にだけ共に存在しているものだと確認された。しかも、これらが咲くのは3月下旬と4月上旬である。さらに、この地域に多いオリーヴの花粉が布の上にないことにも意味がある。それが5月に咲くからである。これで、月も限定される。したがって、この布は、春の初め頃この地域にあったと言える。

なお、マックス・フライ氏はトルコの高原に特有な花粉も確認したとも言う。これらの研究は、聖骸布があった場所は、パレスティナの死海から遠くない地域であること、また花粉が付いたのは4月上旬頃であることを示している。地域の特定によって、聖骸布の人がどこの地域の出身の人であるかが絞り込まれてきたことになる。

アヴィノアム・ダニン氏

Gundelia Tournefortii

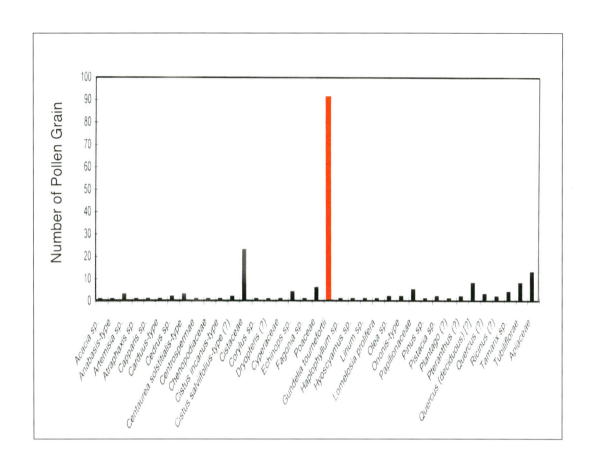

Cistus Creticus

Zigophyllum

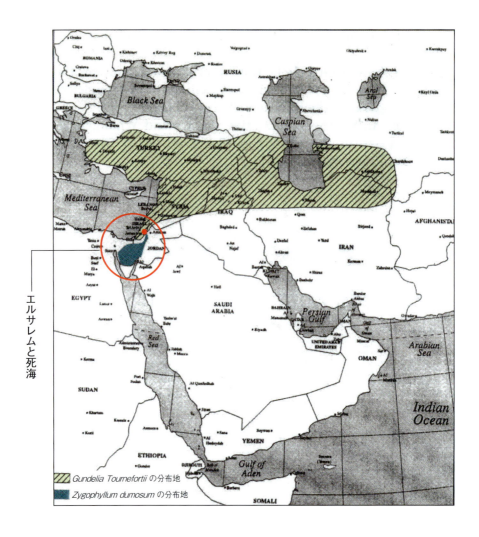

エルサレムと死海

■ *Gundelia Tournefortii* の分布地
■ *Zygophyllum dumosum* の分布地

死海

Section 6
炭素14による聖骸布の年代測定

炭素14による年代測定の根拠

ところが、炭素14のテストによって聖骸布に大きな疑問がかけられた。

炭素14による年代測定は、過去の遺品の年代を知るために考古学でよく使われる。その方法は1945年から1955年の間、ウィラード・リビー（Willard Libby）氏が開発し、そのために同氏は1960年ノーベル化学賞を受賞した。本人は、聖骸布のテストを勧められたことがあるが、布が汚染されているからと言って断った。

炭素とは、すべての生物に含まれている。その中に安定している炭素12と炭素13があるが、わずかに放射性がある不安定な炭素14も含まれている。この炭素14は大気中に一定量あって、生物が生きている間に絶えず吸収される。生物が死ねば、次第に窒素に変わって減少し、半減する期間は約5700年だとされる。つまり、もしある生物の遺品の中に残留している炭素14を計れば、その死亡した年代がわかるということになる。

もちろん、遺品の年代を特定する方法は、歴史の記録など、他にもある。その場合、炭素14による測定の結果はそれと一致するはずである。もし違いがあれば、その原因を糾明するべきである。しばしば、違いが生じるのは、外部の環境との接触による汚染のためである。テストの準備中それを取り除くようにするが、一番リスクが高いのは布製品である。なぜなら、細かい繊維からなっていて、構造上汚染面積が広いからである。そのため慎重さが必要だとされる。

聖骸布の年代測定が実施された舞台裏

さて、一部の学者が聖骸布の炭素14のテストを許可するように強く求めるようになったのは1980年前後である。反対する意見もあったが、ついに教会は許可した。そのため「Libby法」と新しく開発されていた「AMS法」（加速器質量分析＝Accelerator Mass Spectrometry）を使う研究所が競争するようになった。客観性を保証するために両方共使うことにした。「Libby法」は4か所、「AMS法」は3か所となった。その時に次の条件が決められていた。

①監督と指導は大英博物館のマイケル・タイト（Michael Tite）氏。
②3つの標本を渡して「目隠しテスト」にする。
③どれが聖骸布であるかを教えない。
④比較するための2つの標本の年代を教えない。
⑤3つの研究所は同時にテストを実施し、互いに結果を教えない。
⑥最後にトリノの司教に結果を報告し、同時に専門雑誌に経過を発表する。

その際、布の性質を調べるために、切り取られる布の標本に対して他の科学分野との総合テストを行うべきだという提案も出された。炭素14の担当者たちは、多角的な方面からのテストを断固拒否した。

今度は、舞台裏で利害関係の争いが起こった。急に何の説明もなく「Libby法」の4か所がテストから排除されることになった。結局、選ばれたのは「AMS法」のアメリカのアリゾナ大学、イギリスのオックスフォード大学、スイスのチューリヒ研究所だけとなった。

1988年4月21日、聖骸布の本物の布を渡されることを確認するために30名以上の人々が立ち会った。そこにはテストを依頼された研究者もいた。聖骸布本体の左上の角から標本が微量分析学者のジョヴァンニ・リッジ氏によって切り取られた。

炭素14の年代測定に選ばれた3つの研究所。監査役のタイト氏(右端)

リッジ氏、聖骸布の角の部分から標本を切り取る

切り取られた箇所

3つの標本を渡すタイト氏

切り取られた部分の跡

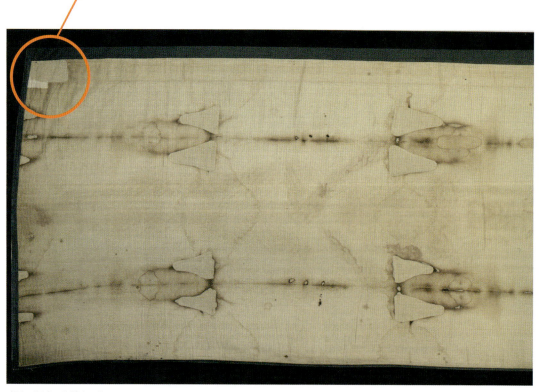

汚れが目立つ聖骸布の角

ところが、タイト氏が3つの標本を渡す時に、フェアではない態度をとった。
①比較するための2つの標本の年代を教えた。
②どれが聖骸布の標本であるかもわかるようにした。
③その後、約束に反して同時にテストを行わず、時期をずらして互いに情報を教えた。
④公式発表の前にマスコミに情報を流した。

発表されたテストの結果から聖骸布は永久に葬られたか

1988年10月13日、タイト氏とオックスフォード大学の代表者は、ロンドンで年代測定の結果を発表した。大英博物館での発表の際に背景の黒板に「1260－1390！」と書いてあった。同じ日に、トリノでバレストレーロ大司教は「3つの研究所で行なわれた実験の結果、聖骸布の布は1260～1390年の間のものだと発表された。これは95％確実で、疑う余地ないと言われた。科学の判定は、科学が裁くであろう」と述べた。

1989年「ネイチャー」"Nature" 2月号に4か月遅れて、21名連盟で報告が載せられた。

マスコミでは、聖骸布は永久に葬られたという印象が強かった。

炭素14の年代測定、ロンドンの大英博物館において結果発表「1260－1390！」タイト氏（中央）

トリノのバレストレーロ大司教による記者会見

炭素14の測定から噴出する問題点

炭素14のテストの結果には、次のような問題点が次々と様々な分野の人々から指摘され始めた。もし、聖骸布が中世のものだとしたら、次の質問に答えるべきである。

1. 中世に、どこで、誰から、何の理由で亜麻布に写った人物は十字架にかけられたか。
2. 中世に、なぜこれほどの作品ができたか。現代の科学でも再現することができない。
3. 中世に、なぜローマ人の方法を使って処刑ができたか。
4. 中世に、なぜ血液の循環とその成分を知ることができたか。
5. 中世に、どこで杉綾織の亜麻布を見つけたか。今回、タイト氏はヨーロッパ中の博物館で亜麻布を見つけられなかった理由はなぜか。しかも、死海の植物の花粉が付いている亜麻布があるのはなぜか。
6. 写真機がない時代に、どうしてこれほどのネガができたのか。
7. 聖骸布は、それ以前、コンスタンティノポリにあったのではないか。

テストをした科学者たちは適正な測定をしたのか

このテストの真偽をめぐって、すぐに新たなテストをすることができなかった。炭素14のテストをめぐって、科学者の間でその適正の問題点が指摘された。

この布は火災に遭い、水をかけられ、150回以上も公開され、大気に触れ、複数の人の素手で握られた。標本は、布のいちばん手で握られた箇所から取られた。「ネイチャー」誌がこれらの事実に全く触れていないので、自分たち以外の他の科学分野の総合テストを断った三つの研究所の人たちは、これらの

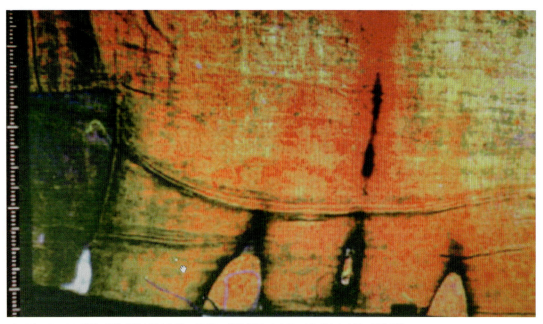

1978年、STURP撮影、汚染状態を示す色違いの写真。緑は炭素14のテストに使われた酷い汚染部分

汚染状態を十分に認識していなかった疑いがある。実際に、1978年のアメリカのSTURP（Shroud of Turin Reseach Project）の写真は、聖骸布の標本が切られた箇所の汚染状態を明確に示していた。

①客観性を保証するために「目隠しテスト」が決められたのに、なぜ守らなかったのか。タイト氏は、テストを簡単にするためだと言ったが、そこには真剣さが感じられない。

②テストの実施の際、教会側の代表者の立ち会いが許可されず、BBCに撮影をさせ、また聖骸布の信憑性を否定するデヴィド・ソクス（David Socxs）氏の立ち会いを認めた。彼は、公式発表の2日後、ベストセラーを狙って、すでに『嘘をあばかれた聖骸布』という本を出版した。つまり、テストは宣伝にも使われたのである。

③「ネイチャー」誌に記載された報告にも問題がある。各研究所のレポートではなく、21名連名のレポートである。監督役の大英博物館のタイト氏も21名の1人になっている。

④さらに発表されたデータにも疑問がある。比較の標本2つの年代は、各研究所が大筋一致している（事前に知らされていた通り！）。聖骸布だけは差が目立つ。2か所は1353年から1384年。オクスフォード大学は1262年から1312年。90年も違う。「分布は思ったより広い」と彼らも認める。そして、発表は「1260年から1390年」とされたのである。「これは不適切だ」とファン・ヘルスト（Van Haelst）氏や他の専門家が指摘している。このような場合、標本中の炭素14の数値が違う可能性があるので、「テストは疑わしい」とすべきだったのである。

⑤最後に、判定を確かめることができるように、計算の土台となった生のデータを公表することを要請すると、3つとも拒否された。データは、今も未公開のままである。

ずさんな測定から、ふりだしに戻る

今度は、新しい情報が出てきた。アメリカチームSTURPが、1978年の科学調査の時、無断で布から糸一本を抜き取って2度テストを行ったという発表した。1回目は3〜4世紀、2回目は9世紀が出たと言う。同じ標本からこれほどの違いが出るのは、位置により布の炭素14の数値が違う可能性があるためであろう。一応、テストを公表しなかったが、炭素14のテストに際して、少なくとも布の3か所から標本を取り、複数の分野の専門家が協力して総合テストをすべきだと判断していた。残念ながら、彼らは今回のテストから除外されたのであった。

さらに、1995年5月5日、もう1つの発表が出た。カリフォルニアのサン・アントニオ大学の教授レオンチオ・ガルツァ・ヴァルデス（Leoncio Garza Valdes）氏は、手に入った聖骸布の生地の断片からリケノテリア（Lichenothelia）というバクテリアを発見したと発表した。このバクテリアは、砂漠の岩と砂の表面にプラスチックのようなコーティング

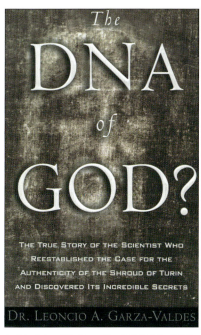

レオンチオ・ガルツァ・ヴァルデスの本（邦訳あり）

レオンチオ・ガルツァ・ヴァルデス氏

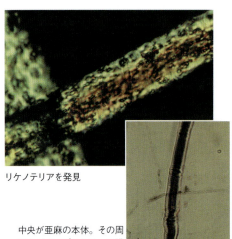
リケノテリアを発見

中央が亜麻の本体。その周囲をバイオプラスチック膜が覆っている

聖骸布サンプルの顕微鏡写真。天然プラスチック加工された組織が認められる。

を作る。同氏は、聖骸布の糸の上にも同じような膜とバクテリアがあると確認した、と。この膜は簡単に洗浄できないので、テストの結果を狂わせた可能性がある。以前、聖骸布の信憑性を否定する立場で熱心に炭素14のテストを推進したゴーヴ（Gove）氏もこの事実を認め、結果が数百年も狂った可能性があるという発表をした。

教会の態度は静観し、聖骸布の保存に尽力

教会はテストの結果を冷静に受けとめ、1998年、2000年、そして2010年に、以前と同じように聖骸布の一般公開を実施した。さらに、今度は2015年にも一般公開を決めた。なお、2002年、聖骸布の修復作業も実施し、その永久保存のための大事なステップを踏んだ。今は静観して、より広い立場から新たな科学調査の機会を待っている。

聖骸布とイエスの関係を考えると、賛成する人も反対する人も感情に支配されがちである。ニュースになる捏造の問題が示すとおり、学者たちにも私利私欲がある。彼らが特に専門外の発言をすれば、鵜呑みにするわけにはいかず、疑問があれば、徹底的に検証すべきである。残念ながら、今回の炭素14のテストの場合、これ以上検証ができない状態にある。

聖骸布は信仰の問題ではない

聖骸布とイエスの関係を考えるにあたって、明記すべきことがある。キリスト者にとって、信仰は聖骸布に基づくのではなく、聖書と教会の教えに基づくということである。聖骸布は、参考にはなるが、信仰に必要ではない。キリスト信者ではない人にとっても、聖骸布はイエスを包んだ布であってもでなくても困ることはないはずである。あくまでも、これは歴史と科学の問題である。実際、聖骸布の信憑性を認める科学者の中に信仰のない多くの人がいるのである。

私たちは度々「聖骸布の人」と呼んできたが、これからはこの無名の人はイエスではないかという仮定で研究を進める。実際、そう思っている人がたくさんいる。布の歴史が1200年までしか記されていないことは問題であるが、この人はイエスであると思わせる特徴も少なくないし、杉綾織の技術もイエスの時代に存在し、布にエルサレム近辺の花粉が付着していることからも、聖骸布の人の受難がイエスの埋葬によく似ていることもそう思わせる。

Section 7

聖骸布とイエス

4福音書の中のイエスの受難

イエスの歴史を語るのは、『聖書』にあるマタイ、マルコ、ルカ、ヨハネによる福音書である。4人のうち、直接イエスの受難に立ち会ったのはヨハネのみである。マタイはその時に姿をくらましていた。マルコとルカは直弟子ではなく、初代教会の情報をまとめただけである。90年代とされる「ヨハネによる福音書」を除けば、他は60年〜80年の間、互いに離れた場所で書かれた。それにしても、イエスの受難についての記述は基本的に一致していて、

	マタイ 第27章 抜粋	マルコ 第15章 抜粋
4福音書の中のイエスの受難	ピラトはイエスをむち打たせ、十字架につけるために引きわたした。さて総督の兵卒たちはイエスを総督官邸に連れていき、全兵士を呼び集め、	そこでピラトはイエスをむち打ったのち十字架につけるために引きわたした。兵卒たちはイエスを邸宅すなわち総督館の中に引き出し、全部隊を呼び集め、
	イエスの服をはいで、赤いがいとうを着せ、茨の冠を編んで頭にかぶせ、右手に葦竹を持たせ、その前にひざまずいて、「ユダヤ人の王よ、あいさつ申します」とあざけった。またつばを吐きかけ、手の葦竹を取って頭を打った。	イエスに緋衣を着せ、茨の冠を編んでかぶらせ、「ユダヤ人の王よ、ごきげんよろしゅう」と礼を始め、また頭を葦竹でたたき、つばをかけ、ひざまずいてひれ伏してみせた。
	このようにあざけってからがいとうをはいで元の服を着せ、十字架につけようとして引き出した。兵士たちは「ゴルゴタ」つまり「されこうべ」という所に着くと、イエスを十字架につけた。	このように嘲弄してのち緋のがいとうをはぎとり、元の服をつけさせ、十字架につけるために引き出した。彼らはイエスを十字架に付けた。
	3時ごろイエスは「エリ、エリ、レマ、サバクタニ」と声高く叫ばれた。それは「神よ、神よ、なぜ私を見捨てられたのですか」という意味である。	3時ごろになった。イエスは、「エロイ、エロイ、ラマ、サバクタニ」と声高く叫ばれた。それは「私の神よ、私の神よ、なぜ私を見捨てられたのか」という意味である。
	やがてそのうちの1人が走り寄り、海綿に酢を含ませ、葦につけてイエスに飲ませようとしたけれども、イエスはふたたび大声で叫びそして息を引き取られた。	そのとき1人が海綿に酢を含ませて葦竹につけ、走り寄ってイエズスに飲ませ、そのときイエスは声高く叫んで息絶えた。
	百夫長とともにイエスを見張っていた人々は、この地震と発生した事件を見て驚き、「本当にこの人は神の子だった」と言い合った。	イエスの向かいに立っていた百夫長はそういうありさまで亡くなられたのを見て、「確かにこの方は神の子だった」と言った。
	そこにはまた離れて様子を見ていた何人かの婦人がいた。それはイエスに仕えてガリラヤからついてきていた人たちで、そのうちにはマグダラのマリア、ヤコブとヨセフの母マリア、ゼベダイの子らの母などもいた。	それを遠くからながめていた婦人たちがいた。その中にマグダラのマリア、小ヤコブとヨセフの母マリア、サロメもいた。ガリラヤにイエスが行かれたとき、仕え従っていた婦人たちである。そのほかイエスと共にエルサレムに上ってきた多くの婦人たちもいた。
	日の落ちるころ、アリマタヤの金持ちのヨセフという人が来た。この人もイエスの弟子だった。	夕暮れになった。用意日、すなわち安息日の前日であった。重立った議員の1人で、神の国を待ち望んでいたアリマタヤのヨセフは、
	彼はピラトのもとに行き、イエスの屍を下げわたしてくれと頼んだ。ピラトはそれをわたせと命じた。	何のはばかりもなくピラトのもとに行き、イエスの屍の下げわたしをこうた。もう死んだのかと驚いたピラトは、百夫長に確かめたうえで屍をヨセフに下げわたした。
	屍を受け取ったヨセフは、清い覆い布 "sindon" でそれを包み、	ヨセフは亜麻布を買い、イエスを十字架から下ろし、亜麻布 "sindon" で包み、
	岩に掘った自分の新しい墓に納め、墓の入口に大きな石を置いて帰った。マグダラのマリアと別のマリアは墓の方を向いてそこに座っていた。	岩に掘った墓に納め、その入口に石を転ばしておいた。マグダラのマリアとヨセフの母マリアは、その納めたところをよく見ておいた。

比較的に詳しく書かれている。ただ、時代が違う私たちにとって、イエスは鞭打たれた、茨の冠を被せられた、十字架を担った、十字架に架けられたという表現だけでは、十分な具体性がない。補ってくれるのは聖骸布である。

では、聖骸布の人とイエスの一致点を念頭において、4福音書の記述を照合して見よう。(なお、聖書箇所は、バルバロ訳を使っている。ただし、他の訳を使った場合は、明記する。また、聖骸布の状況をわかりやすくするため、聖骸布に関係のない個所は外した)

ルカ　第23章　抜粋	ヨハネ　第19章　抜粋
ピラトは、「私はこの人に死に値する罪を何も認められなかった。だから懲らしめた上で釈放することにする」と言った。ところが、人々はあくまでも、イエスを十字架に付けるように主張し、大声で要求した。ピラトは群衆の要求を入れることに決定し、イエスを彼らに引き渡し、思いのままにさせた。	ピラトはイエスを連れ出してむち打たせた。兵卒たちは茨で冠を編み、その御頭にかぶらせ、緋色のがいとうを着せ、近づき、「ユダヤ人の王よ、あいさつします」と言い、平手打ちをした。
「ゴルゴタ」と呼ばれる所に着くと、そこで人々はイエスを十字架に付けた。	そこでピラトは、イエスを十字架につけるために彼らに引きわたした。彼らはイエスを引き取った。イエスは十字架を担い、ヘブライ語でゴルゴタと呼ばれる「されこべ」というところに行かれた。
昼の12時ごろ太陽は光を失い、3時ごろまで地上一帯が暗くなった。	そのときイエスはすべてを成し遂げたと知り、聖書を実現するために、「私は渇く」と言われた。
イエスは「父よ、私の霊を御手にゆだねます」と大声で叫ばれた。そしてそう言いながら息絶えた。	酢を満たした器がそこにあったので、彼らは酢に浸した海綿を投げやりにつけてイエスの口に近寄せた。イエスは酢を飲んで、「すべては成し遂げられた」と言い、頭を垂れて息を引き取られた。
この出来事を見た百夫長は神をあがめ、「本当にこの人は義人だった」と言った。またこれを見に集まった人々も起こったことを見て、みな胸を打ちながら帰っていった。	その日は用意日だったので、安息日に体を十字架の上に残しておかぬように―この安息日は大祭日であったから―ユダヤ人たちはピラトに、彼のすねを折って取り除くようにと願ったので、兵隊たちが来て、まず共に十字架につけられた1人、そしてもう一人のすねを折った。しかしイエスの所に来るともう死んでおられたので、そのすねを折らなかった。そのとき1人の兵士がやりで脇を突いたので、すぐ血と水が流れ出た。
イエスの友達とガリラヤからついてきた婦人たちは、遠くに立ち、これらのことを見ていた。	
さて、ヨセフという善良な正しい1人の議員がいたが、―彼はあの議決と仕業に賛成しなかった―、この人はユダヤ人の町、アリマタヤの人で、神の国を待っていた。	ユダヤ人を恐れてひそかにイエスの弟子になっていたアリマタヤのヨセフが、
彼はピラトを訪れ、イエスのお体の引き取り方を頼み、お体を十字架から下ろして覆い布 sindon に包み、	その後イエスのお体を取り下ろしたいとピラトに願ったので、ピラトはゆるした。彼はそのお体を取りはずしに行った。また、前に夜中にイエスのもとに来たニコデモも、没薬と沈香を混ぜたものを百斤ばかり持ってきた。彼らはイエスのお体を取りはずし、ユダヤ人の葬りの習慣どおり、香料とともにそのお体を布 othonia で包んだ。イエスが十字架につけられたあたりに園があり、その園にまだだれもいれてない新しい墓があった。その日はユダヤ人の用意日でもあり、この墓が近かったので、そこにイエスを納めた。
まだ誰も葬ったことのない岩に掘った墓に納めた。	

聖骸布の人とイエスの一致点

以上のとおり、離れた所で書かれたにも関わらず、4福音書は基本的に同じようにイエスの受難を伝えている。これは、初代教会がイエスのこの話を重視していたことの証拠である。

イエスの受難と聖骸布の人との大事な一致点は次のとおりである。

(1) イエスも鞭打たれた
(2) 茨の冠を被せられた
(3) 自分で十字架を担いだ
(4) 釘で十字架に付けられた(「ヨハネによる福音書」20章25節参照)
(5) 足を折られず、槍で胸を刺された
(6) 亜麻布に包まれた
(7) 処刑はローマ兵のやり方に従って行われた

なお、マタイ、マルコ、ルカのギリシア語原文には、遺体が包まれた布をシンドン 'sindon' と呼ぶ。ヨハネはオトニア 'othonia' と呼ぶ。両方とも日本語訳聖書には「亜麻布」と訳されている。本来、'sindon' は亜麻で作られた大きな生地(「マルコによる福音書」14章51節を参照)、'othonia' は亜麻布類を意味していた。ルカは、受難の箇所に 'sindon' と呼んだ布を、復活後 'othonia' と呼んでいる。彼にとって両方とも同じ意味であったわけである。なお、トリノの聖骸布は大きな亜麻布である。

ベアト・アンジェリコ [十字架]

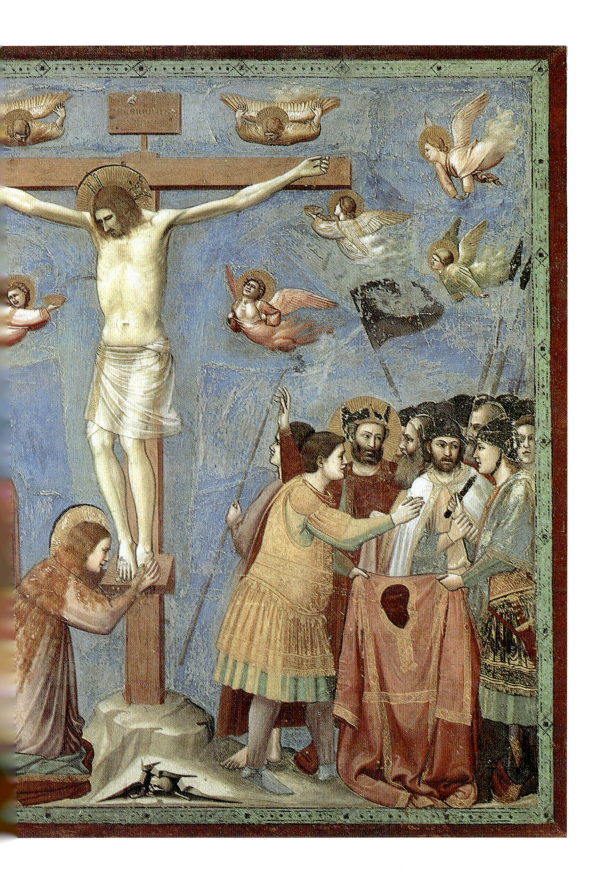

イエスが腐敗しなかったという、聖書の復活の記録

　ところが、聖骸布の人とイエスが一致しているのは受難と葬りだけでなく、腐敗しなかったことでもある。それは、福音書が「復活した」と記していることである。金曜日の夕方、イエスは亜麻布に包まれ、日曜日の朝早く数名の婦人が墓を訪れた時、その遺体はなかった。布だけあった、と書いてある。計算すれば、葬りから30〜40時間しか経っていない。したがって、死体にはまだ腐敗が現れていない時である。では、イエスの遺体に何が起こったのであろうか。

　「マタイによる福音書」によると、反対者は、弟子たちが来て遺体を盗んだ、と言いふらしたそうであるが、その場合、もし布を残したとしたら、布には剥がした跡が残ったはずである。なぜなら、固まった傷が密着し、むりやりに剥がせば、その輪郭が崩れるからである。だが、聖骸布の傷の輪郭は完全である。しかも、姿が写っている。

ヨハネ（20章4節〜10節）が記録した墓の中の亜麻布の状態とその翻訳の違い

　この場合、何よりも、その日曜日の朝、墓の中に亜麻布を発見し、その状況を記録した唯一の目撃者ヨハネの証言を重視すべきである。ところが、その書いた箇所について、以下のとおり、今、日本に出回っている聖書訳には、いくつかの違いがある。ヨハネは、布の状態に注目して、「これを見て、信じた」と言うが、翻訳により、信じる理由がわからなくなることがある。

　以上のとおり、布の状態を示すために、原文のギリシア語には、動詞 keistai の分詞形である keimena（複数）keimenon（単数）が使われている。それ

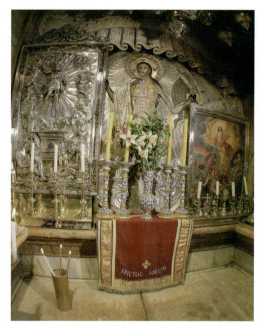

聖墳墓教会内。イエスの遺体が葬られた場所

は「そこにある」のではなく、「横になる、寝込む」（英語の to lie）という意味である。遺体を包んでいた布について言えば、「寝込んでいた、しぼんでいた」という意味になる。原文に keimena ta othonia また ta othonia keimena が繰り返されるのは、強調するため、状態を説明するためである。ヨハネが言いたいのは、遺体を包んでいた時には布が膨らんでいたのに、今、イエスが抜け出して、そのまま「寝込んでいた＝しぼんでいた」のである。「3日目に復活する」と予告していたイエスの言葉を思い出したヨハネは、「見て、信じた」と言う。もちろん、彼が見たのは布の外側だけであった。傷跡がそこに染み込んでいたが、内側に残っている姿は見られなかったはずである。

　日本語訳として注目に値するのは、1910年のラゲ文語訳がある。ギリシア語の原文に忠実に、「布は横たわりて」と訳していることは高い評価にあたいするのである。

	ヨハネによる福音書（20章4節〜10節）
新約聖書翻訳委員会訳 20章 4〜10	2人は一緒に走っていたが、例のもう1人の弟子はペトロよりも速く、先に走り、〔一足〕先に墓に来た。そして、かがみこんでみると、あの亜麻の布切れのある keimena ta othonia のが目に入る。しかし、入ることはしなかった。さて、彼に続いてシモン・ペトロもやって来る。そして、彼は墓の中に入った。そして彼が看ると、あの亜麻の布切れがある ta othonia keimena、また、彼の頭のところにあった epi tes kephales、あの汗ふき布 sudarion は、亜麻の布切れと一緒にあるのではなく ou keimenon、別の離れたところで1つの場所にまるめられている entetuligmenon eis ena topon。さてその時、先に墓に来た、あのもう1人の弟子も入って来た。そして、見て、信じた。つまり彼が死人の中から甦らなければならないという聖書が、彼らにはまだわかっていなかったのである。それで、この弟子たちはまた自分たちのところに帰って行った。
フランシスコ会訳 20章 4〜10	2人は一緒に走っていったが、もう1人の弟子のほうがペトロより速く走って、先に墓に着いた。そして、身をかがめてのぞき込むと、亜麻布が平らになっている keimena ta othonia のが見えた。しかし、中には入らなかった。彼に続いてシモン・ペトロも来て、墓の中に入ってよく見ると、亜麻布が平らになっており ta othonia keimena、イエスの頭を包んでいた epi tes kephales、布切れ sudarion が、亜麻布と一緒に平らにはなっておらず ou keimenon、元の所に巻いたままになっていた entetuligmenon eis ena topon。その時、先に墓に着いたもう1人の弟子も中に入ってきて、見て、信じた。2人は、イエズスが死者の中から必ず復活するという聖書の言葉を、まだ悟っていなかったのである。それから、2人の弟子は家に帰って行った。
新共同訳 20章 4〜10	2人は一緒に走ったが、もう1人の弟子の方が、ペトロより速く走って、先に墓に着いた。身をかがめて中をのぞくと、亜麻布が置いてあった keimena ta othonia。しかし、彼は中には入らなかった。続いて、シモン・ペトロも着いた。彼は墓に入り、亜麻布が置いてある ta othonia keimena のを見た。イエスの頭を包んでいた epi tes kephales、覆い sudarion は、亜麻布と同じ所には置いてなく ou keimenon、離れた所に丸めてあった entetuligmenon eis ena topon。それから、先に墓に着いたもう1人の弟子も入って来て、見て、信じた。イエスは必ず死者の中から復活されることになっているという聖書の言葉を、2人はまだ理解していなかったのである。それから、この弟子たちは家に帰って行った。
バルバロ訳 20章 4〜10	2人とも走ったが、もう1人の弟子はペトロよりも早く走って先に墓に着き、身をかがめてそこに置かれている布 keimena ta othonia を見たが、中には入らなかった。シモン・ペトロが続いて来て墓に入り、そこに置かれている布 ta othonia keimena と、また頭においてあった epi tes kephales、汗ふき布 sudarion を見た。それは布と一緒にはなくて ou keimenon、ほかのところに巻いておいてあった entetuligmenon eis ena topon。先に墓に着いたもう1人の弟子も入ってきて、これを見て信じた。彼らはイエスが死者の中からよみがえると、聖書にあるのをまだ悟らなかった。それから2人の弟子は家に帰った。

亜麻布の他にスダリオもあった

ところが、「ヨハネによる福音書」のこの箇所には、他の福音書に出てこない 'sudarion' という別な布の話も出てくる。それは「イエスの頭の上 epi tes kefales にあった」。（「頭を包んでいた」のではない。'sudarion' とは、手拭い、布切れ、汗拭き布等と訳される）。

このスダリオについて、ou keimenon であった、すなわち、亜麻布と違って「しぼんでいなかった」。かえって、entetuligmenon eis ena topon、元と同じ場所にたたんであった、丸められてあったと言う。

さて、この言葉は何を意味のであろうか。聖書学者は、これについてもあまり話したがらないが、ヨハネにとってこれも聖骸布と同じように大切であったはずである。そのために詳しくこれについて書いている。その文書が記されたのは、60 年も経ってからであったと言われるが、ヨハネ自身は一生の間、何回もその体験について信者たちに話したであろう。生き生きと目の前に浮かんでいるかのように描けるのは、目撃者であったからこそである。もし聖骸布が保存されたとしたら、同じ理由でこの布も保存されたはずである。

オヴィエドのカテドラルに保存されているスダリオ

実際、スペインのオヴィエドのカテドラルに「オヴィエドのスダリオ」といわれる布が展示されている。その歴史は聖骸布の歴史より明らかである。この布は、もともとエルサレムにあった。614 年、町がペルシアの王コズロエ 2 世に占領された時にエジプトのアレクサンドリアに運ばれ、616 年アレクサンドリアも占領されたので、北アフリカを通ってスペインのセヴィリア、そしてトレドに移された。そこで有名な聖イシドロ司教が受け入れた。

聖イシドロの友人であるサラゴーザの司教聖ブラウリオ（590 年～ 651 年頃）は、スダリオのことを聞いてこう書いた。「福音書には主のご遺体を包んだ亜麻布やスダリオが見つかったと記されているが、保存されたことは記されていない。しかしながら、使徒たちが、後世のためにそれらを保存することを怠ったとは、私にはとても思えない」と。すなわち、スダリオがあるので、どこかに亜麻布もあるはずだ、と。一応、718 年、スペインがイスラム軍に占領されたのでスダリオは北のオヴィエドに避難した。

現代、国際研究会が開かれるほどこの布も研究されている。寸法は 83 × 52cm の亜麻布で、その上に大量の血痕などの染みが見られる。聖骸布と同じように血液は人間の AB 型であり、聖地と北アフリカの花粉も確認されている。

聖ブラウリオ（左）と聖イシドロ（右）

「オヴィエドのスダリオ」

スダリオが安置されているオヴィエドの大聖堂

イエスが十字架から降ろされて口から逆流する血を止めた布

　私たちはオヴィエドのスダリオを見て、なぜsudarionが必要であったかわかる。

　シミの形から見て、イエスが十字架から降ろされて墓へ運ばれる途中、布を二重三重にして口などから逆流する血液や肺液を止めるために使われたと思われる。そして、墓に着いてから遺体を聖骸布に横たえて、いらなくなったスダリオを「丸めて別な所に」置いたのである。その操作をよく覚えていたヨハネは、墓を訪れた時、「元の所に巻いたままになっていた」と言う。

　福音書を書いた時にヨハネがこれらの布の状態やその置かれた位置についてこれほどこだわるのは、当時、布が保存されていたためではなかろうか。今の私たちは、この2枚の布を見て、ヨハネの言いたいことを理解することが可能であるが、もしこれらの資料がなければ、聖書の意図することがわかりにくい。これらの2枚の布の役目がわからなければ、以上の翻訳のように、聖書を訳す難しさがわかる。

イエス以外の人である確率は250億人中1人

現代社会学では、ある出来事が起こる可能性を知るために、一定の条件の元でその確率を計算する。たとえば、保険金は事故の確率に基づいて計算される。

最初に聖骸布とイエスにこの計算を当てはめたのは、1900年初のフランスアカデミーの無神論者イヴ・デラージュ（Ive Delage）氏であった。イエスではない確率は200万分の1であると彼は発表した。その時、宗教に反対していた議長は、その発表を議事録から削除させた。

1980年頃、フランスのデ・ゲール（De Gail）氏はより正確な条件の元で計算した。次のような条件である。

1. その遺体は亜麻布に包まれた人（十字架刑の場合、珍しいことである）
2. 茨の冠をかぶせられた人（歴史には唯一の記録はイエスである）
3. 十字架の横棒を肩で担いだ人（判決を受けた人以外、頻繁ではなかった）
4. 釘で十字架に打ちつけられた人（少数であった時以外、縄で結ばれていた）
5. 死後にわき腹を刺され、足を折られなかった人（唯一記録されたのはイエスである）
6. 清められないで緊急に仮葬された人（ユダヤ教では異例である）
7. 短い時間だけ布の中に残った人（記録された唯一の例はイエスである）

計算した結果、250億人中1人、と言うことになる。つまり、もし十字架刑を受けた人が250億人もいたとしたら、イエスと同じ特徴を持った人は1人だけであろう。もちろん、十字架刑に処せられた人は、最多でも10万人単位、100万人単位であろう。歴史に登場する該当者はただ1人、ナザレのイ

イヴ・デラージュ氏

エスである。

聖骸布がイエスを包んだ布ではないとしたら

では、もし聖骸布はイエスを包んだ布ではないとしたら、どうなるであろうか。実際、炭素14のテストでは中世のものだと断定した。また、今もそう信じる人がいるし、定期的にそのことを主張すればたちまち世界のベストセラーとなり、そしてすぐに消え去る！

もし亜麻布を使って聖骸布を作った人がいたとしたら、その人は、福音書の記述に基づいて顔がイエスに似ている人を探し、同じように十字架刑に処したということになる。当然、その人はローマ時代の処刑の方法を知っていたはずである。

もし、亜麻布を使って聖骸布を作った人がいるとしたら、その人は少なくとも1600年代初期に発見された血液循環の仕組みや、1800年代の半ばに発明されたネガ写真の方法を知っていたはずである。いずれにしても、大英博物館のタイト氏は炭素14のテストのために1500年以前の杉綾織の亜麻布をヨーロッパ中の博物館を探しても入手できなかった。彼は、何としても炭素14のために古い杉綾織の亜麻布、しかも聖地の花粉の付いている亜麻布を手に

スタロ・ナゴリチノ作「キリストへの嘲笑」
スヴェティ・ジョルジョ修道院
フレスコ（1316〜18年）マケドニア

入れたようとしたはずである。

　今のところ、誰も聖骸布を作った人の名前を挙げた者はいない。聖骸布があったという証拠は、1350年代にフランスのリレで展示され、この時の記念メダルが1855年にセーヌ川から発見されたことによって、1452年に生まれたレオナルド・ダ・ヴィンチの制作であるという根拠は歴史的観点から見てもずれていることになる。

　現代の科学にとって、この布の存在は挑戦である。何のエネルギーで姿が布に刻まれたのであろうか。もし復活によるとしたら、科学的検証の範囲を超えるので再現できないであろう。その存在を説明するために、まず、同じ現象を起こすエネルギーを探すべきである。

ヴェローナのサン・フェルモ教会蔵「泣き悲しむ（Compianto）」

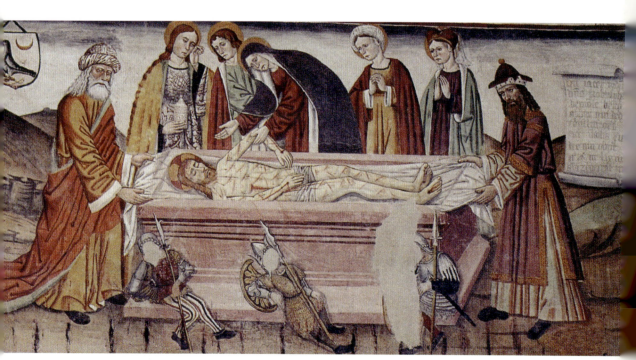

トリノのサクラ・ディ・サンミケーレ修道院蔵「泣き悲しむ（Compianto）」

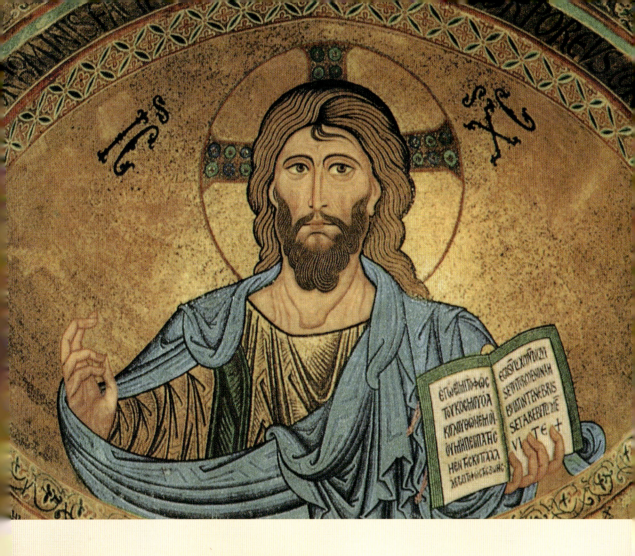

Section 8

聖骸布の不明の歴史

キリストの顔の謎を
聖骸布から探る

　さて、聖骸布は意外な存在であるが、未解決なのは、コンスタンティノポリに着くまでの最初の1000年の歴史である。手がかりがあるのであろうか。

　２０世紀の初めに、フランスのポール・ヴィニョン（Paul Vignon）氏は、聖骸布の空白の時代の歴史を知るための手がかりとして「イエスの顔」を挙げてきた。聖骸布の顔を見る人は、「イエスだ。イエスに似ている」と言うのはなぜであろうか。聖骸布と関係があるのであろうか。

　ポール・ヴィニョン氏は、その関係を示すいくつもの共通点を挙げ、私たちが見慣れているイエスの顔が聖骸布をモデルとして描かれたことを示そうとした。ユダヤ教では、人の姿を描くことをかたく禁じていた。それなのに、なぜ、私たちはイエスの顔を知っているのであろうか。もし、歴史の中にイエスの顔の形成をたどってみれば、聖骸布と思われるものに出会うことになるのは避けられない。

エデッサの「手描きでない」
キリストの顔

　では、教会の美術の中に、いつから今のイエスの顔が描かれるようになったのであろうか。

　それは６世紀頃である。それ以前、さまざまなイエスの顔が描かれていたが、６世紀前半、今のイエスの顔の原型となった「手描きでない（Akeiropoietos アケロピト、現代の発音）」と呼ばれていたキリストがあった。その起源は謎に包まれているが、その存

ポール・ヴィニョンによる聖骸布に基づいて描かれたキリストの顔

在は確実である。

6世紀前半シリアのキリスト教の中心であったエデッサ（現在：サンリ・ウルファ Sanli-Urfa）という町にあり、944年にコスタンティノポリに移された。手ぬぐいのような形で、真ん中にイエスの顔があった。それに基づいてキリストのイコンが描かれていた。その古い写しがいくつか残されている。

「手描きでない」キリストの顔の歴史を検証する

エヴァグリオス（Evagrios）司教594年頃に書いた『教会史』がある。それによると、522年、エデッサの川が氾濫し、町に甚大な損害を与えた。その城壁を修復した時、壁の中に「手描きでないキリストの顔」が見つかった。そして525年、町を再建した皇帝ユスティニアヌス1世は、壮大なハギヤ・ソフィア大聖堂を建設し、そこにその顔が保管され、東西各地に尊敬の対象となり、イコンのキリストの顔のモデルとなった。

7世紀に聖画像破壊運動が起こり、イコンを破壊し始めたが、イコンの正当性を認めた787年の第2ニケヤ公会議の席上、エデッサの「手描きでない」キリストの顔の話が持ち出され、聖画像の正当性を認めさせる一理由となった。この布が「マンディリオン」と呼ばれるようになったのは900年頃である。

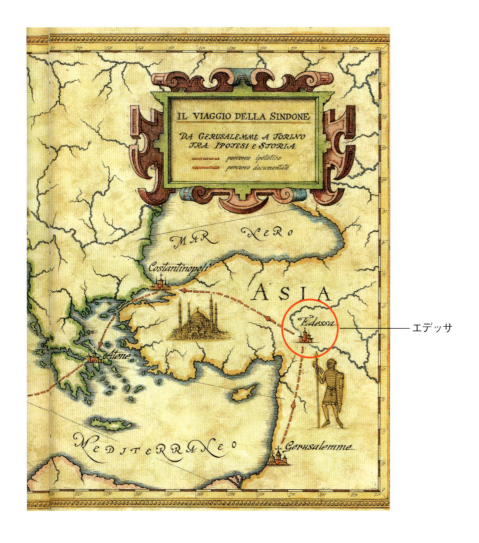

エデッサ

「手描きでない」キリストの顔を年代順に並べる

「手描きでない」キリストの顔は、東西を問わず、早くもイコン、モザイク、フレスコ画に描かれて普及した。残っている古い写しの特徴は、顔は細長く、髪の毛が顔の両側に延びていて、目は大きく開かれている。口ひげがあり、あごひげはしばしば２つに分かれ、少々右に曲がっている。額の真ん中によく傷があり、それが垂れている髪の毛の形で描かれることもある。全体として妙な顔ではあるが、荘厳で威厳を示す。

古い教会やイコンによく描かれてきた「パントクラートル（Pantokrator）すべてを支配する方」と呼ばれるキリストの顔にはその影響がよく現れている。年代順に並べれば共通点が目立ち、同じモデルから出たことがわかる。残念ながら、聖画像破壊運動によって古いイコンの大部分が破壊された。残ったのは、運動が届かなかったシナイ山、イタリアなどである。その後もキリスト教の世界にその姿が広がった。中には、首のない顔だけのキリストの姿は今でも「アケロピト（Akeiropoietos）」と呼ばれている。

よく知られている「ヴェロニカ」といわれるキリストの顔もあるが、その歴史は1000年頃から始まると言われている。これも同じ部類の「アケロピト」のイコンに属している。

「マンディリオン」はコンスタンティノポリへ

コンスタンティノポリの皇帝は、どうしても「マンディリオン」と呼ばれていたエデッサの布が欲しかった。何回も引き渡しを願ったが、拒否されたので943年、皇帝軍を送って町を包囲した。町はイスラム教徒に支配されていた。勝ち目がないとわかった指導者たちは、200人の捕虜と大金の引換えについに渡すことにした。「マンディリオン」は944年8月15日、コンスタンティノポリに着いて、16日荘厳にハギヤ・ソフィア大聖堂の皇帝の座に飾られた。現在も東方教会の典礼において、8月16日にその移転が祝われる。

1年後、皇帝コンスタンティヌス7世が書かせた『エデッサのイコンについて』という本がハギヤ・ソフィア大聖堂で読まれた。その中に、様々な伝説と共に貴重な情報が記されている。

ユスティニアヌス2世の銀貨に刻まれたキリストの顔（685年〜695年）

ローマ、聖ポンチアノ・カタコンブの壁画（7世紀）

ラヴェンナ、聖アポリナレ・イン・クラッセ大聖堂のモザイク（6世紀半）

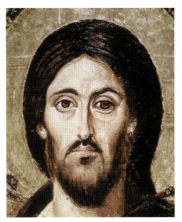
シナイ山、聖カタリナ修道院（6〜7世紀）

コンスタンティノポリ、ハギヤ・ソフィア大聖堂（912年頃）

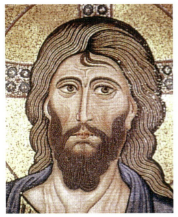
シチリア、チェファルー大聖堂（12世紀）

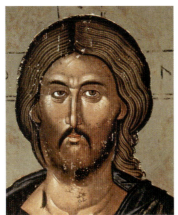
スコピエ、マケドニア美術館蔵（14世紀）

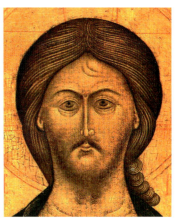
モスクワ派（15世紀）

ロシア、ノヴゴロド派、トレチャコフ美術館蔵（12世紀）

フランス、ラオンの「聖なる顔」（12世紀半）

イエスの時代の
アブガル王の伝説

　アブガル王の伝説がある。イエスの時代に、歴史的な人物であるエデッサのアブガル王は、イエスの奇跡のうわさを聞いて、病気を治しに来てもらうために使者を送った。イエスは行けなかったが、その顔を描こうとした使者の手から布を受け取り、それを顔に当てれば奇跡的に顔が写った、と書いてある。そして、手紙を添えて、その「手書きでない顔」を王に送り、王が治って信じた。その後、タダイという弟子も派遣され、町の人々も信じた。次の王が信仰を棄てて教会を迫害したので、信者たちはイエスからの手紙と布を城壁の中に隠し、その前にランプを灯した。数百年後、発見された時、ランプはまだ燃えていたと言われている

　これは伝説であろうが、古い『タダイの言行録』や、さらにもっと古い『アッダイの教え』には、派遣されたアナニアスという使者がイエスの顔を描けず、イエスは水で自分の顔を洗い、布で拭い、顔が写った、と書いてある。後者は、その布を「SINDON」と呼び、「TETRADIPLON＝4 x 2折り＝八つ折り」であった、と言う。これは非常に珍しい言葉であり、後に、なぜ、そう呼ばれるようになったかは、問われることになった。

アブガル王は、布を血と汗で
できたキリストの顔と言う

　前述の『エデッサのイコンについて』という記録には、さらに布を受け取ったアブガル王の印象が述べられている。「顔立ちは画家の技によらず、色彩もなく、分泌された液体によってできたように見える。注意深くその姿を観察したところ、物的な色によってできたものではないことを確認した」と記している。

エデッサの王、アブガル王。マンディリオンを受け取る

　次のような説明もある。「布にイエスの顔が写ったのはゲツセマネの園で血の汗を流した際に弟子たちが手拭いを差し出し、その血と汗が布にしみ込んだためである」と。

　じつは、「マンディリオン」がコンスタンティノポリに着いた年の 12 月、皇帝と息子2人も近くからその布を見た。息子たちはがっかりして「顔立ちしか見えない」と言い、娘の夫コンスタンティヌス皇帝は「目も耳も見える」と言った。

　現代も、もし近くから聖骸布を見れば、これと同じ印象が受けられる。顔の輪郭はほとんどつかめない。あの時代のように、室内の薄暗い場所だったら、なおさらのことである。

イアン・ウィルソン氏の大胆な仮説「マンディリオン＝聖骸布」説

では、ここまで話した「マンディリオン」と聖骸布は、何か関係があるのであろうか。

イギリスのケンブリッジ大学の歴史学者、イアン・ウィルソン（Ian Wilson）氏は、この問題の解明に一生をささげた人である。1985年に文藝春秋社からも出版された『最後の奇跡－トリノの聖骸布』の本の日本語訳に、また2010年Bantam Pressから出版された『The Shroud – the 2000 years old mystery solved 聖骸布の2000年のミステリーを解く』という最新の著作の中に、マンディリオンと聖骸布は同一のものだった、という大胆な仮説を立てた。これを証明するための根拠を捜し求め、今は支持者が増え、学界では定説と言える。これによって、聖骸布がコンスタンティノポリに現れるまでの空白の歴史が埋められることができるのである。

「マンディリオン」と聖骸布の共通点

聖骸布の顔と「マンディリオン」を写している古いイコンを比べると、その共通点に驚く。聖骸布の上の姿はネガであるが、そのことを知らなかった昔の人は、イエスの顔にネガの特徴も模写している。20世紀の初めのヴィニョン氏は次のとおりその共通点を指摘している。

○顔が正面向きである
○目が大きく開かれている
○額に血痕がある（時には垂れている髪の毛の形で描かれる）
○髪の毛が顔の両側に延びていて、長さが左右に不均等であることが多い
○髭が2つに割れていて、右に曲がっている
○眉毛の1つが上がっている
○片方の頬が膨らんでいる

これらの特徴や他の特徴は、6世紀頃のシナイ山の聖カタリナ修道院、またイタリアのラヴェンナやローマなどの古いキリストの顔に表れているが、布がコンスタンティノポリに来てからも画家たちはそれを見て顔の特徴を描いていた。

1058～1087年の間、コンスタンティノポリから来た画家たちがナポリ北40キロにあるカプア近辺のベネディクト会修道院のサン・タンジェロ・イン・フォルミス（S.Angelo in Formis）の教会に描いたフレスコ画の「パントクラートル」の顔には聖骸布との共通点が目立つ。同じ時期に描かれたミラノの北にあるチヴァーテのサン・ピエトロ・アル・モンテ（San Pietro al Monte）の教会についてもそう

サン・タンジェロ・イン・フォルミス教会「パントクラートル」　　サン・ピエトロ・アル・モンテ教会「パントクラートル」

いえる。額の真ん中の血の痕、大きな目、強調されている頬、茶色一色は聖骸布の真似を思わせる。

シチリア島のチェファルーとパレルモなどのパントクラートルもそうである。

8枚折りだった「マンディリオン」

イアン・ウィウソン氏にとって、前述の『アッダイの教え』の中に布が「Sindon」と呼ばれ、また「八つ折り4×2＝テトラジホン（Tetradiplon）」と呼ばれていることも一つの大事な手がかりとなる。氏が言うには、この言葉は、8枚にたたんだ聖骸布を指している。実際、聖骸布を8枚に折れば、布は長四角形になり、顔だけが表に見えるようになる。身体は、その下に隠れる。

東方教会には、イコンを額縁に入れて金銀覆いである「オクラッド」を被せて顔だけが見えるようにする。もしエデッサの布が8枚に畳んでいたとすれば、当然それもそうされたであろう。

なお、1000年頃まで、教会には傷だらけの痛ましいイエスの姿を表してはならないという規則があった。十字架上の死んだイエスを描くことも禁じられていた。それがゆるされるようになったのは1000年以降である。

それが、聖骸布が公に見せられなかった理由である。もしコンスタンティノポリに着いた時にたたんだ状態であったとしたら、誰もその正体に気づかなかったであろう。コンスタンティノポリに「墓の亜麻布」があることになったのは、初めて額縁から出された時である。

8枚折り説を裏付ける証拠

「マンディリオン」が8枚折りの形にたたんでいた証拠があるのであろうか。

ウィルソン氏の本の中にはいくつかの長四角形の「マンディリオン」の例を紹介されている。一番有

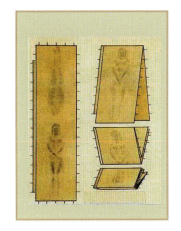

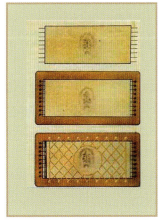

名なのはシナイ山にある聖カタリナ修道院所蔵の「マンディリオンを受け取るアブガル王」のイコンである。これは944年、「マンディリオン」がコンスタンティノポリに着いた時に皇帝が描かせたものである。アブガル王の顔は皇帝自身の顔であるが、王は長四角形の布を手にもっている。真ん中にキリストの顔、その回りに3本枝の十字架。それは、無数のイコンにも見られる飾りである。

1957年、カッパドキアのギョレメ渓谷(けいこく)にエデッサの修道士たちが不便な場所に建てたサクリ・キリセ（隠れた教会 Sakli Kilise）が発見された。その中に2つの長四角形の1m以上の「マンディリオン」のフレスコ画がある。専門家によると10～11世紀頃のものであろう。両方とも白い手ぬぐいの形で、房がある。輪の中のキリストの顔が黄土茶色一色で、

カッパドキアのサクリ・キリセにあるフレスコ画

額の傷は特に赤く見える。片側の長い髪の毛は短く、ひげは2つに分かれている。顔の両側に描かれている7つの赤い丸い斑点はアブガル王の紋章だと言われる。残念ながら、手が届く低い所の絵の顔はイスラム教徒から大部分消された。上の方はよく保存されている。顔の回りに十字架はないが、下の壁の損なわれた顔には十字架がある。

同氏の最後の本にはいくつかの同じような「マンディリオン」が紹介されているが、誰でも聖骸布の写真を8枚折にすれば同じ結果が得られる。

その「マンディリオン」は、「墓の亜麻布」に変わった

では、いつこの布の上に全身が見えるようになったのであろうか。いつ、コンスタンティノポリに「墓の亜麻布」があるという話が始まるのであろうか。記録が残っているのは1100年頃である。

① 1092年、アレクシス（Alexis）皇帝はフランダースのロバート（Robert）公爵に「ここに墓の亜麻布」がある、と証言した。
② 1147年、フランスの王ルイ7世が「墓の亜麻布」を見せられた。
③ 1171年、エルサレムの王アマウリも見せられたという記録がある。

いずれも十字軍の時である。ところが、布の上にイエスの姿を見たという記録、また布の由来については記録はない。ところが、この頃から、墓の布の上に横たわるイエスの姿が描かれるようになった。そのよい例は、1192年頃の「プレイ写本」である。すぐ後、ロベール・ド・クラリー氏は「キリストが立っているように見える」布についての証言、また正教会の聖金曜日に飾られるイエスが「布の上に横たわる」（threnoi）、また「泣き悲しむ」（Compianto）絵の伝統も始まる。

私たちは、より明確な情報が欲しいが、忘れてはならないのは、1204年にコンスタンティノポリの図書館が放火され、古代の資料が失われたことである。同じことは、世界中の博物館に保管されている多くの文化財についても言える。いずれにせよ、聖骸布の場合、歴史の空白があっても、イエスを除けば、その存在が説明できないという事実は否定できない。後は、将来の研究に期待するしかないのである。

[結論]

聖骸布、この意外な存在

　現代は、何百万人も聖骸布を見るためにトリノを訪れるような時代になった。しかし、古代について、同じことが考えられるのであろうか。ユダヤ教の場合、血の付いた布は不浄であり、人の姿が付いていれば偶像崇拝と見なされていた。十字架刑を受けた人の血まみれの布を見ることは身ぶるいしたであろう。迫害の時、保存されたにしても、その布が破壊されないように隠しておいて、極秘にしたはずである。数百年間情報がないのは当然である。

　300年代、キリスト教は自由を得た。しかし、キリストの受難を表すことに対して抵抗があった。十字架は栄光のシンボルとされ、イエスを付けずに宝石で飾っていた。いくつもその例が残っている。その時も聖骸布を公にできなかったはずである。ついに500年代、十字架上の姿を表しはじめたが、十字架上で生きているイエスだった。たとえ、顔のモデルは聖骸布であったにしても、布はそのまま公にできなかった。8枚折りにするのは賢明だったわけである。まして、途中で聖画像破壊運動が起こったからである。ついに、その運動の嵐が過ぎてから、次第に苦しむイエスの姿が描かれるようになった。そして、その時、コンスタンティノポリで発見された聖骸布の全身が公にされるようになった。

　現代も教会の中にも聖骸布を受け入れることに抵抗を感じる人がいる。なおさら昔の人にとって聖骸布は厄介で、意外な存在であったであろう。昔も今も、神の子キリストが「死にいたるまで、しかも十字架の死にいたるまでへりくだった」(「フィリピ人への手紙」2章8節)ことは理解しがたく、受け入れがたい事実である。

　聖骸布を理解するために、ことの直接の証人となったヨハネが言う、「神は独り子をお与えになるほどこの世を愛された」(「ヨハネによる福音書」3章16節、「ヨハネの第一の手紙」4章10節)ということを理解する必要がある。聖骸布はそのことのしるしであるのではないか。まさにその事実を物語る沈黙の証人である。

聖骸布の黙想

Fig. 15.
Il Papa davanti
alla Sindone.

1. イエスのみ心を表す、わき腹の傷が私たちに語りかけました。
　道行く人よ、立ち止まって
　私の悲しみに等しい悲しみが
　あるかを思い起こしてください。
　　　　　　　　（哀歌1章12節）

2. この限られた画面に、想像を超える苦しみが見えてきました。顔には叩かれたことで血の気がなく、拷問の傷跡が見えました。神聖な頭部は大きな茨の棘がささり、そこから血の流れがほとばしり、額に垂れ、さらに小さい流れに分かれて、世界で一番尊いお方の額を染めているのが見えました。
額の左側には、波打った太く長い血の一滴が見えました。まゆ毛ははっきりしていますが、目はそれほどでもありません。鼻は、顔の一番高い箇所としてよく写っています。口は形がよく、比較的小さいです。頬はふくらんでいて、形が崩れています。特に右のほうは、残酷に叩かれた傷跡が見えます。

3. 髭はナジル人のように長くも短くもありません。毛が少ないところは、侮辱するために抜かれたためでしょう。髭の一部は血で固まったように見えます。

4. 首の上には長く束になった髪の毛が垂れているのが見えます。オリーブの園で逮捕された時、鎖で縛られたためでしょう。引っ張られたり、揺さぶられたりしたために、腫れたと思われるところも見られます。

5. 胸の上の鞭打ちの数が多かったのでしょう。傷跡の見えない場所は針先ほどの大きささえも見あたりません。鞭打ちは十字の形で相互に重なり、身体、脚までもあります。ひとつの大きな血痕は脚の傷を示しています。

聖クララ会の
シスターたちによる
聖骸布の修繕の記録

1532年フランスのシャンベリーで火災が発生した。1534年、聖クララ会のシスターたちによって、聖骸布は焼け跡を修繕された。
その記録は、私たちに受難から復活へと過ぎ越して行かれたお方を黙想するためにふさわしいものである。

6. 左手は血の跡が濃く記され、十字の形で右手の上に重なり、その傷を隠しています。……手は長くてきれいです。釘の傷跡は手首の真ん中にあり、そこから血が流れ出ます。……

7. わき腹の高さから肩まで何も見えません（註：焼け跡のため）。腕は少し長く、きれいです。腹部がよく見えるような位置にあります。腹部も鞭打ちのために傷つけられています。わき腹の傷は指3本が入るほどの広さで、そこから流れる血は指4本が入るほどの幅です。下にいくにつれて、幅が狭まります。流れた血痕は脚の長さの半分です。

⑧ 救い主の背中の部分を見る布の半分には、長く太い棘でさされた後頭部が見えます。棘の数が多く、それは王様の冠や画家たちが描くような丸い冠ではなく、むしろ帽子のような形です。よく見ると、後頭部は他のところよりも惨たらしく苦しめられました。棘は深くささり、髪の毛の間に固まった血の大きな滴が見えます。

⑨ 叩かれた傷跡の違いを見ると、いろいろな鞭を使ったことがわかります。棘で編んだ枝や、鉄製の縄もあったことでしょう。それによって無惨に傷つけられました。

⑩ シスターたちは皆、綿密にこれらのことを観察することができ、言葉では言い尽くせない慰めを得ました。私たちはこれらの傷跡を通して、ダビデ王が詩編で預言していました。「あなたは美しい、人の子の中でもっとも美しい」（詩編45章3節）ということを、確かめることができました。

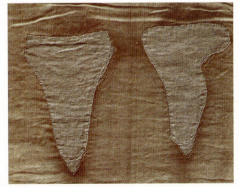

三大教皇による聖骸布へのメッセージ

教皇ヨハネ・パウロ2世
この布は沈黙から真理や命が生まれてくることを示しています。

教皇ベネディクト16世
今、死の中に、命が鼓動をし始め、愛がその中にすんでいます。
これが聖骸布の力です。

教皇フランシスコ
傷つけられたこの顔は、戦争や暴力に襲われているもっとも弱い人、
尊厳がそこなわれている男女の多くの人々の顔に似ています。

Message

教皇ヨハネ・パウロ2世 （在位1978年～2005年）

1998年5月24日、トリノにて

「聖骸布は知性への挑戦です」

　人間一人ひとり（特に学者）が、聖骸布の理性や人生への深いメッセージを謙虚に受け入れるには努力がいります。聖骸布から生ずる神秘的な魅力は私たちにこの尊い布の歴史やキリストとの関係を問いかけますが、これは信仰の問題ではありませんので、教会としてこの問いに答える立場にはありません。この布が救い主のご遺体を包んだかどうかという問題を解明することは学者に与えられた課題です。教会が望んでいるのは、先入観なしにこの研究に取り組む姿勢です。真の自由を保ち、科学的研究法を注意深く適用し、信仰者の気持ちを尊重しながら研究することです。

「聖骸布は福音書の鏡です」

　この尊い布を考察する時、4福音書が述べているイエスのご受難やご死去に深い関係があることを無視してはなりません。

「聖骸布は人間の苦しみのイメージです」

　目先の利益や技術の進歩のみにとらわれている現代人には。この布は多くの兄弟たちの苦しみやその原因を思い出させ、それについて考えさせます。

「聖骸布は神の愛と人間の罪のイメージです」

　この布は、救い主イエス様の死の最終的な原因は何であったかを発見させる手がかりです。

「聖骸布は限界のイメージです」

　この布は、人間となられた神の子が最期に遂げた死を示すと同時に、死がすべての終わりではないことも示しています。

「聖骸布は沈黙のイメージです」

　人は、死の沈黙について語ることはできませんが、この布は沈黙から真理や命が生まれてくることを示しています。

1982年、ヨハネ・パウロ2世に聖骸布を贈呈するサヴォイア家、最後の王、ウンベルト2世

Message

教皇ベネディクト16世 （在位2005年〜2013年）

2010年5月2日、トリノにて

　親愛なる皆さん、この黙想のヒントは「聖土曜日の神秘」からとることにします。聖骸布はこの神秘のイコン、「聖土曜日のイコン」といえます。なぜなら、埋葬の布、十字架に架けられた人を包んだ布であるからです。聖骸布の人は、福音書にあるとおり昼ごろ十字架に架けられ、3時ごろ息をひきとられたイエスと一致しているのです。

　荘厳な過越し祭の準備日の夕方、裕福で、権威ある議員アリマタヤのヨセフは、勇気をもってピラトからイエスを葬る許可を願いました。墓はゴルゴタから近く、岩に掘ったものでした。許可を得て布を買いました。十字架からイエスの遺体を降ろして布に包み、墓に納めたと福音書に書いてあります。その時から土曜日の翌朝までイエスが墓に残りました。トリノの聖骸布には、布に包まれた遺体の姿が残っています。短い時間でしたが、計り知れない価値があり意味のある時間でした。

　ある古い説教には、「聖土曜日」は「神の隠れの日」だと書いてあります。「何が起こったのか。今日、地上に大沈黙がただよっています。大沈黙と孤独です。王が眠っておられるからです。神は肉において死に、陰府（よみ）の国に下られたのです」と。私たちも信仰宣言の中で、イエス・キリストが「ポンティオ・ピラトのもとで苦しみを受け、十字架につけられて、死に、葬られ、陰府に下り、3日目に死者のうちから復活し」と宣言しています。

　親愛なる兄弟姉妹の皆さん、私たちの時代、人類は「聖土曜日の神秘」をより深く感じます。神の隠れは現代人の霊性の一部です。無意識のうちに存在に対する心の空白が次第に拡大しました。19世紀の終わりにニーチェは、「神は死んだ！私たちが殺した！」と書きました。よく見れば、この名言は文字通りキリスト教の伝統に由来しています。私たちは、あまり意識せずに十字架の道行でこの言葉を繰り返します。2度の世界大戦、強制収容所や強制労働所、広島と長崎に原爆が投下された後、ますます「聖土曜日」になっています。この日の暗闇は人生の意味を問うすべての人に疑問を投げかけ、私たちもこの暗闇に直面しています。

　ところが、神の子イエス・キリストの死には逆の意味もあります。慰めと希望のポジティブな意味です。聖骸布には、写真のよう

1945年8月9日長崎に原爆投下：浦上天主堂

にネガとポジがあります。信仰の神秘の一番暗い出来事にも、同時に希望の明るい意味があります。「聖土曜日」は、死と復活の間の「無人の地」、キリストが人類を救うために受難のしるしを手にもって通られた地です。聖骸布は、その時を物語っています。神がキリストにおいて私たちと共に死に、私たちと共に死の中に残ったことです。人類と宇宙の歴史の中、唯一無二の出来事、最も究極的な分かち合いです。キリストが「陰府に下られた」ということは、人となられた神が、人間の極限の孤独、愛の光が届かず、慰めの言葉のない遺棄の状態に入られたことを意味します。これが「陰府」です。イエス・キリストが死の状態に残り、最後の孤独の門をくぐり、共に私たちをそこから導き出したことです。

アウシュビッツ強制収容所

エディット・シュタイン（カルメル会の修道名：十字架の聖テレサ・ベネディクタ）1942年8月9日、アウシュビッツ強制収容所のガス室で殉教。享年51歳。

エディット・シュタインが「十字架の聖ヨハネ」の描いたものを模写したもの

　私たちは皆、見捨てられた恐怖を体験したことがあります。死において一番恐れるのは、そのことです。子どもの時、暗い所にいるのは怖いものです。安心させてくれるのは愛してくれる人がそばにいることです。これこそ「聖土曜日」、死の国に神の声が響いた時です。神の愛が「陰府」に入ったことは考えがたいのですが、私たちは人間の最も暗い孤独の中にも呼んでくださる声を聴き、その状態から導き出してくれる手を見つけることができます。人間は、愛されるから、また愛することができるから生きられるのです。死の世界に愛が入れば、命もそこに入ります。私たちは、最高の孤独のうちにもひとりではありません。もし、信仰の目でこの布を見るならば、かすかにその光が見えます。深い暗闇に包まれていた聖骸布は、同時に輝いています。私が思うには、写真でこれを眺めている人も、またこれを尊敬するためにここまで巡礼にきた人々も皆、この布に暗闇だけでなく、光も見ています。命や愛の敗北ではなく、勝利を、すなわち死に対する命の勝利、憎しみに対する愛の勝利を見るのです。イエスの死も見えますが、その復活も感じ取られます。死の中に、今、命が鼓動をし始め、愛がその中に住んでいます。これが聖骸布の力です。すべての時代や場所のあらゆる受難、私たちの苦悩、私たちの困難、私たちの罪を背負ったこの「苦しみの人」の顔から意外な威厳と支配力がかもし出されます－「キリストの受難は、人間の受難」です。この顔、手、足、脇腹、体全体が物語っている言葉は、沈黙のうちに聴こえてきます。

Message

教皇フランシスコ、聖骸布について語る

（TVにて）　　（2013年3月30日）

　兄弟姉妹の皆さん、私も聖骸布の前に立って、神様が現代の新しい機会をとおして与えてくださったこのテレビ公開を感謝いたします。私たちは、この方法であっても、ただ見るだけではなく、祈りの心で見ます。否、見られるようになります。なぜなら、亡くなったこの人の顔は、目が閉じられていても、神秘に包まれて私たちを見つめ、語りかけてくださるからです。なぜ、それができるのでしょうか。なぜ、信仰者の皆さんは、鞭打たれ、十字架にかけられたこの人のイコンの前に留まるのでしょうか。聖骸布の人は、ナザレのイエスを思い起こさせるからです。布に刻まれたこの画像は、私たちの心に語りかけ、カルワリオに登らせ、十字架を眺めさせ、沈黙のうちに愛を語っておられます。そのため、私たちも、自分の目ではなく、心を見つめてくださるこの視線を受け入れるようにしましょう。沈黙のうちに死の束縛を乗り越えるその視線が何を語ってくれるかを聴きましょう。それは、聖骸布をとおして、神の唯一、かつ最終的な言葉を届けてくださるからです。すなわち、歴史の中で受肉し、人間となられた愛、この世の悪の支配から私たちの解放するために世の悪をすべて背負ってくださった神のあわれみの愛です。傷つけられた

ジョット作
「十字架の前で祈るアシジの聖フランシスコ」

この顔は、戦争や暴力に襲われているもっとも弱い人、尊厳がそこなわれている男女の多くの人たちの顔に似ています……。それでも、聖骸布の顔に大きな平安がただよい、虐待されたこの体から優れた威厳がほとばしっています。それは凪の偉大な力を放ち、私たちに向かって、信用しなさい、希望を失うな、と言ってくださいます。それは、すべてに打ち勝つ神の愛の力、復活されたキリストの力です。

　聖骸布の人を眺めながら、私は今、アシジのフランシスコが十字架のキリストの前で唱えた祈りを自分のものにいたします。

十字架の前で唱えた祈り

いと高き栄光ある神よ
私の心の暗闇を照らし
正しい信仰、堅固な希望、完全な愛
また判断力と知識をお与えください。
あなたの聖なる正しい教えを実行することが
できますように。
アーメン

十字架の木、釘、茨の冠、捨て札

326年、聖ヘレナが発見したと言われる聖遺物の中にイエスの十字架の木と釘と棘も含まれている。現代、聖墳墓教会を訪問する巡礼者が階段を下って、その奥にある洞窟「聖ヘレナのチャペル」を訪問する。

十字架の木

十字架の木

　十字架の木は、3つに分割され、それぞれコンスタンティノポリ、ローマ、エルサレムに保存された。しかし、現在まで残ったと言われるのは、エルサレムの部分だけである。それは、後の時代にローマに移され、現在、「聖なる十字架の教会」に保存されている。この「聖なる十字架」は、信徒の信心に応えるため、さらに無数の細かい部分に分かれて、世界中の主な教会に配られた。ローマに残っている大きな部分はその教会にある。また、バチカンの聖ペトロ大聖堂の広場の真ん中に立っているオベリスクの上にもその一部分が飾られている。

聖十字架と聖ヘレナとコンスタンティン1世

聖なる釘

聖なる釘

　聖ヘレナが見つけたものは、現在、その一本は同じ「聖なる十字架の教会」にある。四角の釘で、長さは12.5cm、太さは頭の方は9mm、先端の方は5mmである。しかし、先端は切られている。ローマ時代の釘と同じ形である。もう一本はコンスタンティ

ヌス大帝に送られ、皇帝を守るためにその馬の轡に使われた。それが、後にミラノの司教聖アンブロジオに献上され、今は、ミラノの大聖堂の本祭壇の上に保存されている。もう一本は、カール1世の冠の中に飾られ、神聖なるローマ帝国の皇帝の戴冠式に使われていた。1805年、ナポレオン1世の戴冠式のときにもこの冠が使われたのである。

茨の冠の棘

ローマの「聖なる十字架の教会」には聖ヘレナが見つけたと言われるイエスの茨の冠の棘の2本も保存されている。

捨て札

福音書には、ユダヤ総督ポンティオ・ピラトがイエスの十字架の上にある捨て札に罪状を書かせたと書いてある。ピラトは「ユダヤ人の王、ナザレのイエス」という言葉を書くように命じた。「ヘブライ語、ラテン語、ギリシア語で書かれていた」と。ヘブライ語は地元の言葉、ギリシア語は地中海地域の共通語、ラテン語は支配者ローマ人の言葉だった。

名画や教会で飾られている十字架には「INRI」と書いてあるが、これは、ラテン語の「Iesus Nazarenus Rex Iudaeorum」の頭文字である。

「十字架の捨て札（Titulus Crucis）」といわれるこの判決の札は、今ローマの「聖なる十字架の教会」にある。板の一部分だけで、「NAZARENUS」のラテン語、ギリシア語、またヘブライ語の文字の一部分だけが読める。この教会の敷地はコンスタンティヌス大帝の母、聖ヘレナの邸宅であった。その中にイエスの十字架、釘、茨の冠、そして「十字架の捨て札」も保存されていたという記録がある。聖ヘレナは、エルサレムでそれらの遺物を発見したといわれる。私はこの札の信憑性を論ずるつもりはないが、字が古く、聖ヘレナの時代のものである可能性がある。

茨の冠の棘

捨て札

これらの遺物の信憑性を示す証拠は、昔の伝説以外に何もない。聖ヘレナによる聖なる遺物の発見の伝説もそのまま受け取れないと言われる。現在、それらについての判断を控えるべきである。

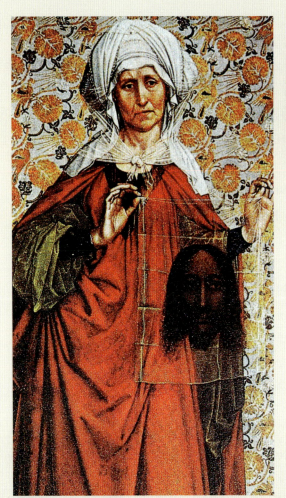

「フランクフルトのヴェロニカ」1425年頃

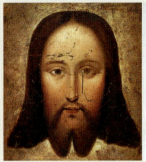

「ヴェロニカ」東京国立博物館蔵

「アントワープのヴェロニカ」

「トゥールのヴェロニカ」
（フランス）

ヴェロニカのヴェール
布に写ったイエスの面影

　東方教会が「マンディリオン」を重視していた頃、ローマでは同じように「ヴェロニカのヴェール」が現れた。イエスがカルワリオの刑場に向かう途中、ヴェロニカという女が布でその顔を拭い、布にその面影が残ったという話である。この話が始まったのは8世紀はじめ、ギリシア出身のヨハネ7世教皇（705〜707年在位）の時だといわれるが、記録は11世紀のものである。アブガル王の伝説に似ている。「ヴェロニカ」の名はギリシア語の女性名「ベレニケ」の変形である。

　このヴェールは非常に有名だった。最初の聖年が宣言された1300年に、ダンテの『神曲』にも人々が「ヴェロニカを見るためにローマに参る」と歌っている。以降、聖年が祝われるたびに公開され、世界中に溢れるほど複製画が描かれた。しかし、1527年のローマの略奪の時に布が消えた。ついに、17世紀前半、パウロ5世やウルバノ8世教皇は複製を全部焼却するように命じ、新しいものをつくることも禁じたが、複製はすでに日本にまで届いていた。

　東京の国立博物館にある「ヴェロニカ」は、江戸幕府がキリシタンから没収されたもの。図柄はアントワープの大聖堂にある白い石のヴェロニカによく似ている。私たちが驚くのは、キリスト教の古い伝統が遠い日本にまで届いたことである

尊き屍衣に寫された イエズスの御顔
――無限の憧れを感ずる其の御姿――

(宮崎教區長認可)

屍衣に現れてゐる種々の斑に就いて

尊き屍衣――それはイエズス・キリストの御體を包んだ布である。そして、昔から、伊太利皇室の所有するところのものである。伊國皇室の祖先が、サボヤ國に在つた頃、屍衣は長い間シヤンベリ市に保存されてあつたが、後、トリーノ市に移管されたのであつた。

屍衣は亞麻布である。長さ四米三十六糎、幅一米十糎、處々に種々な意味の斑が表れてゐる。斑の一部のものは、シヤンベリ市に保管せられてあつた當時起つた火災に因る。火災は一五三二年十二月四日の夜の出來事であつた。聖堂は燒けたが屍衣は幸にも難を免れたのであつた。

その他の斑は、イエズス・キリストの葬式の際、そゝがれた香油、殊に蘆薈（アロヘス）に因るものであつて、主の御體の寫しである。

屍衣に寫されたイエズスの眞の御顔

御體の寫しより語るところ

この寫しよりしてイエズスの御體の寫しを考ふることが出來る。即ち、主の御身を十字架につけるとき、掌に釘がうたれると、一般であるが、屍衣に於ける左手の御傷を見るに、釘うたれたのは手首であることが明瞭である。ローマ人は、十字架につけた紐を結びつけ、鞭打ちにこれを使用したのであつた。鞭の先に木叉は金屬の小玉を多くくゝけた鞭の眞の聖姿板には、立派なる主の御姿を見得たのであつた。

ところが一八九八年、屍衣が公現象された寫眞原板には、均衡のとれた明るい美しい而も強き人間の御體の寫しが表れた。

布上の左右二個の人體の寫しは、其の釣合全く自然である。之によつて見ると、主の御苦難と御死去とが明瞭に解つて來る。即ち、主が受け給うた侮辱、殴打（鼻部の殴打によつて出來た頭の傷、左手の傷、右頬の腫、十字架の重量に因る左肩の腫、鞭打の跡等歴然と表れてゐる傷跡は、體中に散在してゐるが、其の鞭打の跡は三十六糎あつて、春中のものが明瞭に表れてゐる。特に、頭、頰骨、鼻、眼、血まみれの顔、頭髮、鼻髯、兩肩の上に落ちる長い髮等を見ても、種板には、立派なる主の御姿を拜されて、これを寫眞に撮つて見たら、無數の畫家あつてもこれを寫し出し得る者の眼である。今より目覺めんとすとしても、其の筆を到底之に似さすべくもない。莊嚴なる御顔よりは神聖の光が放れてゐる。これ實に、死し給うたイエズス・キリストの眞姿である。

半分が、御體の上に曲げ覆はれたのである。よつて左方が御體の右方を表す。黑ずんだ紅色の丸い小斑が、集つて御體の形を造つてゐる。黑ずんだ紅色の小斑――それは凝血である。それは恰も人體の解剖圖である。多くの人々にそれが最も良い方法であることを知つてゐたのである。

しかし、屍衣に於ける寫しは陰畫である。即ち、之れを眺めれば、余り明るくないところに長く之を眺めれば、深き感慨に浸らざるを得ない。而も、其の御顔はきちんと畫かれてゐないのは、實に感激の極みである。端に行く程かすかになつてゐる。端のところは、直ぐにさしめる。そして鞭打ちの後も立派に見えてゐて、實に感激の極みである。セム族型の鼻は、強くけたれて腫れ、御顔の眞の寫眞であるからである。即ち、之こそ、主の御顔の眞の寫眞であるからである。御顔の上の血の白斑は、茨を憶ひ起させる。茨の冠冕は死の怖に與へてはゐない。柔和なる悲しさ、靜かに苦みを味つてゐる悲しさ。御聖旨に堪えぬとはいへ、我等の感激に堪えぬとは、温和中にも表れてゐる横威である。眼はつぶられてゐるが、今より目覺めんとするもののやうな。

カトリック講話集【第二輯】
兒童教育 家庭の光り〔定價金拾錢〕

本書は、ドン・ボスコの兒童教育法の説明にして、兒童修養上に於ける、實踐躬行を主とせし美辭善行を、集錄せしものなれば、兒童及び其の父兄は、言ふまでもなく、兒童教育の任に當る教員諸君も、共に必讀すべき良書なると信じ、最近出版するに依り、伏して御一讀の御愛讀を乞ふ。

大分市上榕屋町
振替下關二三四九番
ドン・ボスコ社

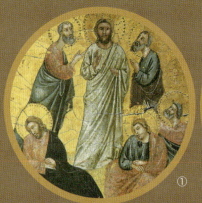

イエスが十字架を担う直前までの出来事

①：主の変容　　　　⑤：ユダの裏切り
②：エルサレム入城　⑥：大司祭の前
③：最後の晩餐　　　⑦：鞭打ちの刑
④：ゲツセマネの祈り　⑧：イエスへの嘲笑、
　　　　　　　　　　　　イエスは十字架を担う

ルチーノ・ディ・ボナグィーダ
「十字架の木」に基づくエピソードより（抜粋）

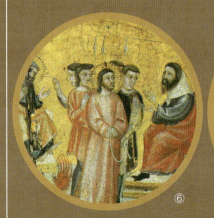
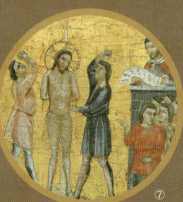

《参考文献一覧》(コンプリ神父の要点説明入り。▶の本は、聖骸布の信憑性を否定するもの)

■聖骸布に関する研究大会の記録
- La Santa Sindone nelle ricerche moderne, LICE Torino 1950. 1939年と1950年、ローマ・トリノで開かれた第1回国際研究会の記録
- Report of the Turin Commission on the Holy Shroud, London, 1976. 1969年に任命された第1回調査委員会の発表報告
- Proceedings of the 1977 United States Conference on the Shroud of Turin, Ed. Holy Shroud Guild, New York, 1977 アメリカのAlbuquerqueで開かれた第1回研究会の発表報告
- La Sindone e la Scenza 2。 Congresso Internazionale di Sindonologia, Edizioni Paoline, Torino 1979. 1978年、トリノで開かれた第2回国際会議の発表報告
- La Sindone, Scienza e fede, Atti del Convegno Nazionale di Sindonologia, Ed.CLUEB Bologna1983. 1981年、イタリアのボロニアで開かれた全国研究会の発表報告
- La Sindone, Nuovi studi e ricerche, Atti del Congresso Nazionale di Studi sulla Sindone, EP Milano 1986. 1984年、イタリアのトラーニで開かれた全国研究会の発表報告
- Turin Shroud - Image of Christ?, Cosmos Printing, Hong Kong 1987. 1986年、香港で開かれたシンポジウムの発表報告
- La Sindone, indagini scientifiche, Atti del Convegno Nazionale di Studi sulla Sindone, EP Milano 1988. 1987年、イタリアのSiracusaで開かれた全国研究会の発表報告
- History, Science, Theology and the Shroud, Roma 1993. 1991年、アメリカのSt.Luisで開かれたシンポジウムの発表報告
- The Turin Shroud：past, present end future, Proceeding of the International Scientific Symposium held in Torino, 2-5 March, 2000, Effeta Editrice Cantalupa 2000

■日本語文献・資料
- 石井建次著『キリストの聖骸布』カトリック中央書院（現：サンパウロ）、1936年
- マッケヴォイ著、小田部胤明訳『キリストの遺影』中央出版社（現：サンパウロ）、1949年
- リッチ・ジュリオ著、小坂類治、マリア・コスタ共訳『聖骸布にもとづく十字架の道行』ドン・ボスコ社、1976年
- ロバート・K・ウイルコックス著、丸谷慧訳『謎の聖骸布』サンポウジャーナル、1978年
- G・コンプリ著『聖骸布、キリストの受難の撮影』ドン・ボスコ社、1979年
- 『ＱＵＡＲＫ』1982年12月号。〈トリノ聖骸布の謎〉
- G・コンプリ著『見よ、この人を』中央出版社、1984年
- 『リーダーズダイジェスト』1984年3月号。〈キリストの聖骸布の謎を解く〉
- イアン・ウィルソン著、木原武一訳『トリノの聖骸布』文芸春秋、1985年
- イアン・ウィルソン著／小田卓爾訳『真実のイエス』紀伊国屋書店／1997年
- ▶ピクネット、プリンス共著『トリノの聖骸布』白水社、1997年
- G・コンプリ著『聖骸布－La Santa Sindone』サンパウロ、1998年
- ガルツァ・バルデス著、林陽訳『イエスのDNA―トリノの聖骸布』成甲書房 2000年
- G・コンプリ解説DVD『聖骸布 あなたはどなたですか』ドン・ボスコ社、2006年
- G・コンプリ監修『聖骸布の男 あなたはイエス・キリスト、ですか』講談社、2007年
- G・コンプリ著『キリストと聖骸布』イースト・プレス、2010年

1. ありのままの聖骸布
- PALEOTTO ALFONSO, Esplicazione del sacro lenzuolo ove fu involto il Signore, Bologna 1599. Ristampa anastatica a cura di Luigi Fossati, SDB, Torino, 1975. 聖骸布についての最初の本
- MECHTHILD Flury－Lemberg, Sindone 2002. L'intervento conservativo. イタリア語、英語、ドイツ語、2002年の修復作業の報告と写真記録
- RICCI, G., The Holy Shroud, Roma 1981
- RINALDI PIETRO, When millions saw the Shroud. New York：Don Bosco. 1979
- RAES G., Rapport d'analise du tissu, in La S. Sindone, pp.79-84, 1976. 聖骸布の布について
- MEACHAM W., The Autentication of the Turin Shroud：An Issue in Archelogical Epistemology. in "Current Anthropology", June 1983 p. 283-312
- MARINELLI EMANUELLA, La Sindone, un'immagine impossibile, San Paolo, Milano 1996
- BAIMA BOLLONE, Sindone o no, SEI Torino 1990
  － Sindone, storia e scienza 2010 - Priuli & Verlucca, Ivrea (TO) 2010 (Added 7 SEPT 2010)
- BALOSSINO N., L'immagine della Sindone, LDC 1997
- BARBERIS B. La Sindone, Velar, Bergamo 2000
- Vercelli Piero, La Sindone nella sua struttura tessile, Effata Editrice Torino 2010 布についての一番詳しい研究。聖骸布の布を再現したもの

・JACKSON JOHN P., ERIC J. JUMPER, BILL MOTTERN, and KENNETH. E. STEVENSON. "The three-dimensional image of Jesus' burial cloth." Proceedings of the 1977. U.S. Conference of Research on the Shroud of Turin. Edited by Kenneth Stevenson, pp. 74-94, 1977.　最初に立体写真を実現したNASAの職員

2. 聖骸布の写真
・PIA GIUSEPPE, La prima fotografia della SS. Sindone, Sindon, 1961, aprile, pp.33-58
・NOGUIER DE MALIJAY N., Le Saint Suaire et la Sainte Face de N.S. Jesus-Christ, Paris 1922
・DELAGE Y., Le Linceul de Turin, in Revue scientiphique (XVII) 1902. 4 serie, 683-687
▶ CHEVALIER U., 最初の写真の後に信憑性に反対した歴史家
　- Le Saint Suaire de Turin est il l'original ou une copie? Chambery, V.Menard, 1899
　- Etude Critique sur l'origine du Saint Suaire de Lirey-Chambery-Turin, Paris, A. Picard,1900
　- Le Saint Suaire de Turin Photographe a l'envers. Lettre a M.l'abbe Nanber. in : La justice sociale,1902
　- Le Saint Suaire de Lirey-Chambery-Turin et les defenseurs de son authenticite, Paris,A. Picard,　1902
　- Le Saint-Suaire de Turin et la Nouveau Testament, in Revue Biblique, Xl (1902), 565-74
　- Autour des origines du Suaire de Lirey avec documents inedits, Paris, A. Picard, 1903
▶ CHOPIN H., Le saint-Suaire de Turin photograhoie a l'envers. Paris, A. Picard et F. 1902
・VIGNON P., Le Sant-Suaire de Turin devant la science, l'archeologie, l'histoire, l'iconographie, la logique, Masson Paris, 1 ed. 1938, 11 ed. 1939
　- The Shroud of Christ - Ed. University Books Inc, New York 1970 (English)
・ENRIE G., La Santa Sindone rivelata dalla fotografia, Torino, SEI, 2a ed., 1938
・TAMBURELLI G., The results in the processing of the Holy Shroud of Turin. IEEE Transactions on Pattern Analysis and Machine Intelligence 3 (6) : 670-76, 1981
・AA.VV. - El Sudario de Oviedo - Hallazgos recientes - Centro Espaniol de Sindonologia, Valencia　1998 (Spanish)
・AA.VV. - Il corpo dell'Uomo della Sindone nella scultura di Luigi Mattei - Fondazione Cassa di Risparmio in Bologna, Bologna 2000

3. 聖骸布の確実な歴史
・DE CLARI,ROBERT., La conquete de Constantinople, Paris, 1924. 第4十字軍の歴史
・FOSSATI L., 聖骸布がリレで現れた後の歴史の専門家
　- Conversazioni e discussioni sulla Santa Sindone, Torino, 1968
　- La Santa Sindone : nuova luce su antichi documenti, Torino, 1961
　- La Sacra Sindone, storia documentata di una secolare devozione, LDC, Torino, 2000
・DUBARLE A.M., コンスタンティノポリまでの聖骸布の歴史の専門家
　- Histoire ancienne du linceul de Turin, jusq'au XIII siecle, Paris 1985
・ZACCONE, Gian Maria - La Sindone - Storia di un'immagine - Paoline Editoriale Libri, Milano 2010

4. 聖骸布の人の医学的な研究
・BARBET, PIERRE. パリの外科医による最初の専門的な研究
　- A doctor at Calvary, New York: Image,1963
・HYNEK R.W.Muz Bolesti, Prague, Gustav Francl, 1964, 2 vol.
・JUDICA CORDIGLIA G., L'Uomo della Sindone è il Cristo? Ghirlanda,Milano 1941
　- L'Uomo della Sindone e il Gesù dei Vangeli? 2a ed., Fondazione Pelizza, 1975
・ZANINOTTO G., ローマ時代の十字架刑の研究家
　- La tecnica della crocifissione romana, Quaderni Studi Sindonici Emmaus, Roma 1982
　- Flagellazione romana, Centro Romano di Sindonologia, Roma 1984
　- La crocifissione negli spettacoli latini, AZ, Roma 1985
・BAIMA BOLLONE, L'Impronta di Dio, Mondadori, Milano,1985
・BAIMA BOLLONE, JORIO MARIA, MASSARO ANNA LUCIA. La dimostrazione della presenza di tracce di sangue umano sulla Sindone. Sindon 30 : 5-8, 1981

5. 他の分野での研究
・FREI, MAX. 聖骸布の花粉を最初に研究したその道の専門家
　- Nine years of Palynological studies on the Shroud. Shroud Spectrum International1 (3) : 3-7, 1982
・SCANNERINI S., FREIの研究を確認した花粉の専門家
　- Mirra, aloe, pollini e altre tracce, LDC 1997
・HAAS, NICU. エルサレム大学の教授、十字架刑を受けた人の遺骨を研究した2人
　- Anthropological observations on the skeletal remains from Giv'at ha-Mivtar, Israel Exploration Journal 20 : 38-59,1970
・TZAFERIS, VASILIUS. Jewish tombs at and near Giv'at ha-Mivtar. Israel Exploration Journal 20 : 18-32,1970
・HELLER, J.H., and A.D. ADLER. 以下は、1978年の科学調査に参加した学者たちの発表論文
　- Blood on the Shroud of Turin. Applied Optics 19 : 2742-44, 1980

- JUMPER E.J., A.D. ADLER, J.P. JACKSON, S.F. PELLICORI J. H. HELLER, and J.R. DRUZIK. n.d. A comprehensive examination of the various stains and images on the Shroud of Turin. Advances in Archeological Chemisrtry, 1983
- JUPER, ERIC J., and ROBERT W. MOTTERN. A scientific investigation of the Shroud of Turin. Applied Optics 19：1909-12,1980
- PELICORI, S.F. Spectral properties of the Shroud of Truin. Applied Optics 19：1913-20, 1980
- PELLICORI, SAMUEL, and MARK S. EVANS. The Shroud of Turin through the microscope. Archaelogy 34：34-43,1981
- ROGERS, R.N.,<Chemical Considerations Concerning the Shroud of Turin>, Proceedings etc., cit., pp.131-35
- STEVENSON K. and HABERMAS,G. R., Verdict on the Shroud, Ann Arbor：Servant, 1981
- RODANTE, SEBASTIANO., 沈香と没薬の研究を行った学者
  - La Scienza convalida la Sindone, Massimo, Milano 1994
- ▶ McCRONE WALTER C., 聖骸布の姿が描かれたものであると主張した人
  - Light microscopical study of the Turin "Shroud" 2. The Microscope 28：115-28, 1980
  - Microscopical study of the Turin "Shroud" 3. Miroscope 29（1）：19-39, [SDS] 1981
  - Shroud image is the work of an artist. The Skeptical Inquirer 6（3）：35-36. [JEA, JRC, PCM: 1982
  - Judgement Day for the Turin Shroud, Walter Crone edition, Chicago 1997

6. 炭素14による聖骸布の年代測定
- RIGGI, G., 聖骸布から炭素14のために標本を切り取った人の発表
  - Rapporto Sindone, 1978-1987, 3M Edizioni, Milano 1988
- Le prelevement du 21/4/1988 - Etudes du Tissu, OEIL,Paris 1990. 1989年、パリで開かれた国際科学シンポジウムの発表報告
- La datazione della Sindone,Atti del Congresso Nazionale di Sindonologia. Press Color, Quartu S.Elena 1990. 1990年、イタリアのCagliariで開かれた全国大会の発表報告
- ▶ SOX D., 炭素14の実験に立ち会って、信憑性に反対する本をを書いた人
  - The Shroud Unmasked, The Lamp Press, Basingstoke 1988
- ▶『NATURE』1989,2月16日号 炭素14による年代測定の発表
- The catholic countre-reformation in the XXth century, 237号3月1991年、炭素14の問題点についての特集号
- History, Science, Theology and the Shroud, Roma 1993. 1991年、アメリカのSt.Luisで開かれたシンポジウムの発表報告

7. 聖骸布とイエス
- LAVERGNE CESLAS, OP., ヨハネ福音書20.3-10の翻訳の問題を最初に提起した聖書学者
  - La preuve de la Resurrection de Jesus d'apres Jean 20,7- Le sudarium et la position de linges apres la Resurrection
  - Le corps glorieux et la preuve que Jesus est ressuscite, Torino, 1961, pp.58-Estratto dai quaderni Sindon, nn. 5 e 6, 1961, pp. 7-32 e 5-31
- FEUILLET ANDRE., La decouverte du tombeau vide en Jean 20.3-10. et la Foi au Christ ressuscite, Espirit et vie（L'ami du clerge）n.18,1977, pp.257-66; n.19,1977, pp273-84
- LAMMA, MAURICE. ユダヤ人の葬りの習慣を紹介する2人の研究家
  - The Jewish Way in Death and Mourning, New York; Jonathan David Publishers, 1969
- GANZFRIED, SOLOMON. Code of Jewish Law "Kitzur Shulchan Aruch" Volume IV. Trans. by Hyman E. Goldin, New York: Heberw Publishing Co. 1927
- DE GAIL. P.S.J., イエスである確率を計算した学者
  - Le Visage de Christ et son Linceul. Paris, 1972
  - L'Homme ou Divin Visage, La Cedet, Paris 1981
  - BARBERIS, Bruno - SAVARINO, Piero - Sindone, radiodatazione e calcolo delle probabilità - Elle Di Ci, Leumann（TO）1997

8. 聖骸布の不明の歴史
- WILSON, IAN., 聖骸布の歴史の研究家。日本語にも訳されている
  - The Turin Shroud. Middlesex: Penguin, 1978
  - The Shroud of Turin. New York: Image Books, [ADW]1979.（邦訳あり）
  - The Shroud: The 2000-Year-Old Mystery Solved - Bantam Press London 2010（English）
- AA.VV. - Acheiropoietos - Non fait de main d'homme - Actes du III Symposium Scientifique International du CIELT - Nice 1997 - Editions du CIELT, Paris 1998（French）
- AA.VV. - Proceedings - International Workshop on the Scientific approach to the Acheiropoietos Images - 4-6 May, 2010 - ENEA, Frascati（Roma）2010

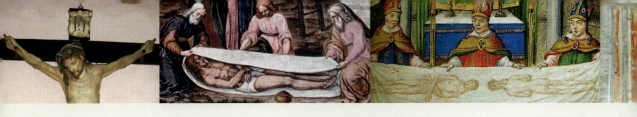

聖骸布の歴史

30年	イエスが十字架で処刑され、亜麻布に包まれて葬られる
50年〜60年	パウロによる手紙が書かれる
60年〜80年代	マルコ、マタイとルカによる福音書も書かれる
73年	エルサレムの破壊後、ローマ軍はマサダの要塞を制圧する
90年代	「ヨハネによる福音書」が書かれる
2世紀〜3世紀	迫害中、亜麻布の保管場所が不明。伝説によるとエデッサに隠されていた
313年	コンスタンティヌス大帝がキリスト教に自由を与え、イエスの顔が自由に描かれる 十字架上の姿は禁止
335年	聖墳墓教会が献堂される
375〜90年頃	エデッサで書かれた『アッダイの教え』の中に「アブガル王が使者としてイエスに送ったハナンが特別な色彩でイエスの姿を描いた」とある
525年	エデッサの川が氾濫。城壁の中に隠されていた「手描きでないイエスの顔」が写っている不思議な布が発見され、イコンのモデルとなった これが、伝統のイエスの顔の元と言われる
614年	ペルシア軍がエルサレムを攻撃し、聖墳墓教会を放火。「ヨハネの福音書」20章のスダリオン(sudarion)がエジプトのアレクサンドリアへ運ばれ、さらに北アフリカを通ってスペインに移される。8世紀半ばイスラム軍を避けて北地方のオヴィエドへ移された
723年	聖画像破壊運動が始まり120年も続く。多くの画像が破壊され、教会の中に強い抵抗があった
787年	聖画像を正当化するためのニケア第2公会議で、コンスタンティノポリ教会の役員レオは「私は、皇帝の役人と共にシリアを訪れた時、エデッサで人の手で描かれていない姿を見た。それは信者から尊敬され、崇敬されています」と述べた。聖画像「崇敬」の正当性が認められた
943年	春ロマノス皇帝は首都コンスタンティノポリにエデッサの布を移すために軍隊を送り、イスラム教の支配者と交渉した結果、布を渡してもらった。布はコンスタンティノポリに運ばれた
944年8月16日	ハギア・ソフィア大聖堂へ運ばれ、憐れみの玉座に飾られた。現代も8月16日、東方教会にはエデッサのマンデリオン移転が祝われている
1009年	カリフのアル・ハキムはエルサレムの聖墳墓教会を完全に破壊する
1054年	キリスト教は分裂し、コンスタンティノポリを中心に「正教」、ローマは「カトリック」教会となる
1076年	エルサレムがトルコ・セルジュックの手に落ち、十字軍が召集される
1096〜1099年	第1次十字軍エルサレムを取り戻す。この頃から十字架上で死んだイエスが描かれる
1100年頃	この時期、聖骸布と同じようなポーズで布の上に横たわるイエスの象牙のレリーフが彫刻される
1149年7月15日	十字軍より再建されたエルサレムの聖墳墓教会が献堂される
1192年頃	コンスタンティノポリで描かれたブダペスト図書館のプレイ写本には、初めて聖骸布と同じポーズで裸のイエスがある。このことから聖骸布が知られていたことがわかる

1204 年	ロベール・ド・クラリーは、第4十字軍の歴史に「聖母マリア修道院に我らの主が包まれた亜麻布（Sydoine = Sindon）が毎金曜日真っすぐに立てられ、われらの主の姿がよく見える」と書いた
1350 年代	フランスのリレで聖骸布が展示される。記念の鉛メダルが残る
1418～53 年	多数の公開が行われる。戦時中、聖骸布は転々と動き回る
1453 年	サヴォイア家の所有となる
1502 年	シャンベリー（Chambery）の聖なるチャペルに保存される
1506 年	5月4日に祝われることが決まる。以降、毎年公開
1509 年	銀製の新しい箱に納められる
1532 年	12月4日シャンベリーでの火災。一部焼かれる
1534 年	シャンベリーで15日間にわたって修繕される
1578 年 10月12日	トリノへ移転。公開に聖カルロ・ボロメオ参列。（イラストあり）
1579 年 5月4日	トリノ。以降、原則としてこの日に公開される
1613 年 5月4日	聖フランシスコ・サレジオ出席。（イラストあり）
1626 年 5月4日	デラ・ロヴェーレ（G.B.Della Rovere）の絵が描かれる
1668 年 5月4日	チャペル建設をグアリーニ（G.Guarini）氏に依頼
1694 年 6月1日	新チャペルへ移転。ヴァルフレ（S.Valfre）神父が一部修繕
1804 年 11月13日	ナポレオンの戴冠式に向かう教皇ピオ7世に個人公開
1815 年 5月21日	ナポレオンの戴冠式の帰り、教皇ピオ7世によって公開される
1842 年 5月4日	ヴィットリオ・エマヌエーレ2世の婚礼を記念して公開
1868 年 4月24～27日	額に入れて4日間公開。（寸法は不正確）
1898 年 5月25日	婚礼のため8日間公開。セコンド・ピア氏の歴史的写真
1931 年 5月4～24日	エンリエ氏の鮮明な写真
1933 年 9月24日～10月5日	聖年のための公開
1973 年 11月3日	生中継で全欧州においてテレビで初公開
1978 年 8月26日～10月8日	トリノへの移転400周年記念のための公開
10月8日～13日	科学調査のための公開
1988 年 4月21日	炭素14の年代測定のテスト用の標本を切り取る
1997 年 4月11日	聖骸布のチャペル全焼。聖骸布は救われる
1998 年 4月18日～6月14日	トリノで一般公開
2000 年 8月12日～10月22日	トリノで一般公開
2002 年 6～7月	聖骸布の継ぎ当てを外し、1532年の火災後の状態に戻す
2010 年 4月12日～5月23日	トリノで一般公開
2015 年 4月19日～6月24日	聖ヨハネ・ボスコ生誕200年のための公開

あとがき

　私は今年で85歳。宣教師として来日して60年です。神に感謝！

　これは聖骸布についての6番目の本です。

　1978年、初めて聖骸布の実物を見た日の感激をよく覚えています。カメラを手にして一般公開に臨み、素人ながらも上手にカラー写真が撮れた時の喜びはひとことでは言い尽くせないものがあります。当時はまだ、この本で紹介している専門家たちの写真はありませんでした。40年間で聖骸布の研究はいかに進歩したことでしょうか。私自身も最初の本から大きく進歩しました。

　85歳の今、神があと何年の命をくださるかわかりませんが、感謝の気持ちで余命を無駄にしないように努めたいと思います。何よりも、日本で聖骸布を知らせる恵みを与えてくださったことを感謝いたします。これも私の使命の一つでしょう。聖骸布の前に立った多くの人の感激を見ることができました。これからは、バトンタッチしてくれる人たちが生まれることを祈ります。

　本文には、「聖骸布に信仰は必要ではない」と書きました。そのとおりです。同じように必要でないことはたくさんあります。聖墳墓教会、ルルド、神学、学問、科学などは、信仰の助けとなります。生きるために必要であることもたくさんあります。すべては神の恵み

です。聖骸布も！したがって、むやみに拒絶することなく、正しく使えばよいのです。

　私の経験では、聖骸布はイエスを知り、また知らせるためにたいへん有効です。おそらく、昔より、科学が進歩している現代特にそうです。現代人は、触れなければ信じないと言います。現代人に向かってイエスは、使徒トマスと同じように、「私の手に釘の痕を見なさい。信じない者ではなく、信じる者になりなさい」（「ヨハネによる福音書」20章27節）と言われる気がします。

　長年にわたってこの研究に携わった私は確信しています。イエスなしに聖骸布の存在を説明しようとする人は、いつまでも納得できる答えを見出すことはないでしょう。神の存在なしに生きようとする人々も同じです。この地上には、人間の理解を超えるミステリー（神秘）があるのです。

　私にとって、聖骸布とは、感激の尽きないミステリー、神秘的な存在です。

　皆さんの上に神の恵みがありますように祈ります。

2015年4月5日
85歳の誕生日に、ガエタノ・コンプリ神父

《資料提供》
G.Durante, G.Moretto, E.Marinelli
G.M.Zaccone, M.Flury-Lamberg
L.Fossati, P.L.Baima Bollone
I.Wilson, G.Riggi, G.Giberti,
Comissione Sindone Diocesi di Torino
Centro Internazionale di Sindonologia
ELLEDICI

《著者略歴》
ガエタノ・コンプリ　Gaetano Compri
1930年、イタリア・ヴェローナ生まれ。サレジオ修道会司祭。1955年に宣教師として来日。1958年に上智大学大学院神学部修士課程修了。育英工業高等専門学校（現サレジオ高専）の倫理・哲学教授、川崎サレジオ中学校・高等学校（現サレジオ学院）校長、カトリック下井草教会主任などを経て、現在、東京都調布市のチマッティ資料館館長。

〒182-0033　調布市富士見町3-21-12
サレジオ修道院チマッティ資料館
ホームページ　www.v-cimatti.com　聖骸布・Holy Shroud・Sindon をクリック
www.sindon-jp.com

これこそ聖骸布
コンプリ神父がその真相を語る

2015年5月13日　初版発行
著者　　ガエタノ・コンプリ
発行者　関谷義樹
発行所　ドン・ボスコ社
　　　　〒160-0004　東京都新宿区四谷1-9-7
　　　　TEL03-3351-7041　FAX03-3351-5430
編集　　堀 妙子
装幀　　TM HOUSE
印刷所　三美印刷株式会社

ISBN978-4-88626-586-9 C0016
（乱丁・落丁はお取替えいたします）

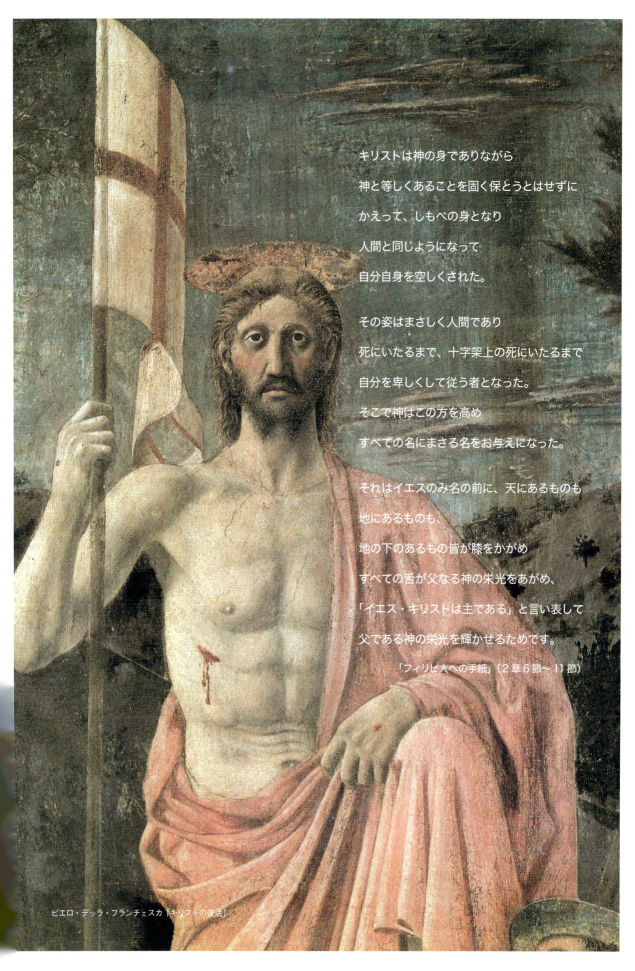

キリストは神の身でありながら
神と等しくあることを固く保とうとはせずに
かえって、しもべの身となり
人間と同じようになって
自分自身を空しくされた。

その姿はまさしく人間であり
死にいたるまで、十字架上の死にいたるまで
自分を卑しくして従う者となった。
そこで神はこの方を高め
すべての名にまさる名をお与えになった。

それはイエスのみ名の前に、天にあるものも
地にあるものも、
地の下のあるもの皆が膝をかがめ
すべての舌が父なる神の栄光をあがめ、
「イエス・キリストは主である」と言い表して
父である神の栄光を輝かせるためです。

「フィリピ人への手紙」（2章6節〜11節）

ピエロ・デッラ・フランチェスカ「キリストの復活」

《コンプリ神父の著作》

◎教育関係
- 道徳の見方、考え方(沼田俊一共著)ドン・ボスコ社 1966年(絶版)
- 人間を考える 人間としてのあり方・生き方(共著)、ドン・ボスコ社 1972年(絶版)
- ゼロから道徳を考える(沼田俊一共著)サンパウロ 1974年(絶版)
- 教育者へのドン・ボスコのことば ドン・ボスコ社 1985年(2009年改名)
- 新時代に人間を考える 新学習指導要領への提言 サンパウロ 1991年
- 人間を考える 人間としてのあり方・生き方(完全改訂版)、ドン・ボスコ社 1994年
- 神は男と女を造られた、性教育の手引き ドン・ボスコ社 1991年
- ほほえんで人生を サンパウロ 2002年(絶版)
- 若者を育てるドン・ボスコのことば(改訂版)ドン・ボスコ社 2009年

◎カトリックの教え関係
- こころにひかりを よくわかるカトリック入門 ドン・ボスコ社 1987年(2011年新訂版)
- 人生に光を 旧約聖書Ⅰ、歴史物語の紹介 ドン・ボスコ社 1988年
- 知恵の光を 旧約聖書Ⅱ、預言者と教訓書の紹介 ドン・ボスコ社 1992年
- 喜びの光を 四つの福音書の紹介 ドン・ボスコ社 1988年
- キリストの光を 新約聖書Ⅱ、使徒言行録、
  パウロの手紙、黙示録等の紹介 ドン・ボスコ社 1989年
- あなたの疑問はみんなの疑問 人生35疑問にずばりと答える ドン・ボスコ社 1990年
- 神父様、おしえて 小学生の質問にコンプリ神父が答える
  低学年 1・2年生 ドン・ボスコ社 1992年
  中学年 3・4年生 ドン・ボスコ社 1995年
  高学年 5・6年生 ドン・ボスコ社 1995年
- わが道の光 ドン・ボスコ社 2002年

◎小冊子
- はじめて教会へいらしたあなたに 教会案内 ドン・ボスコ社 1988年
- ゆがめられたキリスト ドン・ボスコ社 1989年
- イエス 聖書の中にその姿をみる ドン・ボスコ社 1990年
- マリア 聖書の中にその姿をみる ドン・ボスコ社 1991年
- カトリック幼稚園の案内 ドン・ボスコ社 2002年
- ミッション・スクールに入ったあなたに ドン・ボスコ社 2002年

◎チマッティ神父関係

・チマッティ神父 本人が書かなかった自叙伝 上　ドン・ボスコ社 2013 年
・チマッティ神父 本人が書かなかった自叙伝 下　ドン・ボスコ社 2014 年
・チマッティ神父 日本を愛した宣教師　ドン・ボスコ社 2001 年
・DON CIMATTI, il Don Bosco del Giappone" イタリア語の伝記　2009 年
・DON CIMATTI, l'autografia che lui non scrisse　イタリア語の自叙伝　2012 年
・DON CIMATTI, maestro di vita　イタリア語　（201 年出版の予定）
・チマッティ神父によるロザリオの黙想　ドン・ボスコ社 2003 年
・殉教者シドッティ　新井白石と江戸キリシタン屋敷　タシナリ著　（改訂版 2014 年）

◎聖骸布関係

『聖骸布、キリストの受難の撮影』ドン・ボスコ社、1978 年（品切れ）
『見よ、この人を』サンパウロ、1984 年（品切れ）
『聖骸布』サンパウロ、1998 年
『聖骸布の男』講談社、2007 年
『キリストと聖骸布』イースト・プレス、2010 年
ビデオ『聖骸布－その謎を追う』ドン・ボスコ社、1998 年
DVD『聖骸布　あなたはどなたですか』（90 分）

◎ DVD

・音楽・自然・日本を愛したチマッティ神父　50 分　ドン・ボスコ社 2002 年
・カトリック入門「こころにひかりを」に基づく　240 分　ドン・ボスコ社 2007 年
・知っておきたい聖書の常識　旧約聖書編　115 分　ドン・ボスコ社 2007 年
・知っておきたい聖書の常識　新約聖書編　175 分　ドン・ボスコ社 2007 年
・聖骸布　あなたはどなたですか　90 分　ドン・ボスコ社 2010 年

《表紙》
サン・ピエトロ・アル・モンテ教会「パントクラートル」

《裏表紙》
カタコンベにキリストのシンボルとして描かれた魚と錨の絵

《扉》
Section1：ミケランジェロ作「ピエタ」
Section2：ジャン・バッティスタ・ティエポロ作「茨の冠を被せられるキリスト」
Section3：フランスの Lanslevillard の聖セバスティアンのチャペルにあるフレスコ画
　　　　　「泣き悲しむ（Compianto）」（1400年代後半）
Section4：リッジーノ・エンリコ作「泣き悲しむ（Compianto）」の彫刻
　　　　　ヴェローナにあるカプリーノ市立博物館蔵（1320年制作）
Section5：ベアト・アンジェリコ作「キリストの変容」
Section6：作者不明「聖骸布と3人の天使」
Section7：作者不明 ストッカルダにある「イエスに寄りかかるヨハネ」
Section8：シチリアのチェファルー大聖堂「パントクラートル」（12世紀）